SILHOUETTES

PARISIENNES

Il a été tiré de cette édition 50 exemplaires sur papier de Hollande.

SILHOUETTES
PARISIENNES

PAR

Mme OLYMPE AUDOUARD

Illustrées de Portraits

PARIS
C. MARPON ET E. FLAMMARION
ÉDITEURS
26, RUE RACINE, PRÈS L'ODÉON
—
1883
Tous droits réservés.

AUTOBIOGRAPHIE

ERMETTEZ-MOI, lecteurs, de vous présenter d'abord l'auteur de ces silhouettes.

On dit, en Provence, que ceux qui naissent au mois de mars ont un rayon de soleil dans le cœur, un coup de mistral dans la tête.

Je suis née au mois de mars et à Marseille.

J'ai le rayon de soleil et le coup de mistral.

J'ai deux excellents et fidèles amis, la philosophie et le travail.

J'ai pris la plume à vingt ans, j'ai écrit trente-trois livres, fondé trois journaux — j'ai vingt ans depuis 1862 !

Je laisse à mes ennemis le plaisir de dire : qu'en littérature la quantité ne vaut pas la qualité.

J'ai la nostalgie des sphères bleues, un désir fou de pouvoir bien vite, encore, aller, à tire-d'aile d'un astre à l'autre ; pour tromper mon impatience, j'ai visité les trois quarts de la terre — et fait la photographie morale de ses peuples pour l'éditeur Dentu.

Traits distinctifs :

L'horreur des chenilles, des gens mal élevés, des imbéciles et des médisants.

Je suis républicaine de l'avant-veille, presque tous mes amis ont une opinion contraire.

Je préfère le méchant au *bête*, car celui-ci est bien plus méchant. *Bonne bête* est une erreur.

J'ai une répulsion invincible pour les matérialistes.

Je suis spirite et me ris de ceux qui de moi rient.

J'ai souvent écrit l'histoire des autres, jamais la mienne.

Ceux qui ne me connaissent pas me détestent;

ceux qui me connaissent disent : « C'est un bon et loyal garçon. » Et... ils ont raison.

J'ai des défauts, mais je laisse à mes amies le soin de les publier.—Voilà ma biographie vraie. Le sujet m'inspire peu, et je ne trouve plus rien à dire.

Olympe Audouard.

VICTOR HUGO

ES trois quarts de notre siècle ont été ensoleillés par le génie de Victor Hugo!

Son labeur est colossal, surhumain; jamais on ne vit aussi grand ouvrier de la pensée! Jamais œuvre pareille n'est sortie d'un cerveau d'homme!

Son style possède une sorte de magie. A son appel, mots, images, épithètes, rimes viennent se ranger en bon ordre pour former un rythme éclatant, sublime. La phrase possède une clarté lumineuse. La période est surprenante. Nul n'a comme notre grand et aimé poète la puissance du mot.

Avec cette grandeur calme et sereine, apanage du vrai génie, il a tout chanté, l'âme humaine et ses mystères, l'amour qui console et l'amour qui tue, la haine fleur d'enfer naissant parfois spontanément dans les cœurs humains, le doux sourire de la femme, la sainteté du berceau, le gazouillement des oiseaux, le cri rauque des fauves.

De son vers incisif comme un stylet, il a cravaché l'homme du Deux-Décembre et ses complices.

Nulle misère ne s'est produite sans l'émouvoir, nulle souffrance ne l'a trouvé indifférent, sa voix a toujours crié aux riches : « Donnez ; » aux puissants : « Pardonnez ; » aux tyrans : « Tremblez. » Il a chanté la perle qui naît au fond des mers, le brin d'herbe sur lequel la rosée met des perles; son style, tour à tour d'une douceur infinie, ou plus impétueux que l'ouragan, imite le bruissement de la brise dans la forêt et le roulement du torrent, il est fait d'éclairs et de tonnerres. Une seule chose est plus grande, plus belle encore que le style et que le vers de Victor Hugo, c'est sa pensée!

La pensée de Victor Hugo sonde l'insondable, elle est voyante, elle entrevoit ce que l'atmosphère bleue cache aux hommes—la vie d'outre-tombe. Cette pensée possède la haute philosophie ; elle est justice, bonté, miséricorde et amour, elle a compris la grande rumeur qui sort du mouvement des mondes, elle rappelle la pensée du divin Jésus.

Ce n'est point de l'œuvre énorme, étonnante du poète dont je vais vous parler, mais bien de ce que j'admire plus encore ; de son âme resplendissante, de son âme pétrie d'amour, de cet amour qui embrasse l'humanité tout entière.

La talent s'acquiert, le caractère se modifie. Mais il faut des siècles et des siècles pour former une âme, il faut des luttes, des efforts inouïs pour la rendre *bonne*.

Être *bon!* cela n'a l'air de rien, et c'est tout.

Être *bon*, c'est la limite la plus extrême de l'intelligence, c'est le point culminant du génie. La *bonté* dans le sens que je la comprends est plus qu'une vertu, c'est une émanation même de la Divinité.

Dire qu'un homme est bon, ce n'est certes pas faire de lui un éloge banal, c'est lui adresser la plus haute des louanges.

La bonté met au front de celui qui la possède une sorte d'auréole, elle fait naître la sympathie, elle provoque l'admiration ; et cette chose, qu'on croirait vulgaire, est si rare que j'ai beau évoquer en mon esprit le souvenir des personnalités qui ont laissé un sillon lumineux après elles, je ne trouve que Jésus, Vincent de Paul et Victor Hugo méritant l'épithète de bon.

Voltaire avait de l'intelligence, de l'esprit. Mais il lui manquait le meilleur de tous les esprits, celui d'être bon.

Corneille avait un puissant souffle dramatique, mais ce n'était qu'une âme médiocre. Racine est devenu dévot, mais jamais bon. Chateaubriand avait l'âme d'un dévot romain, mais non l'âme d'un chrétien de Jésus.

Lamartine aimait tant sa personne et sa gloire que le temps lui a manqué pour aimer l'humanité.

Alfred de Musset était un esprit brillant, une passion ardente, mais non une âme bonne.

Victor Hugo, étant bon, a compris toute la grandeur de la bonté. Aussi, dans son *Regard jeté dans une mansarde,* voici ce qu'il dit :

> « Sois bonne. La bonté contient les autres choses.
> Le Seigneur indulgent sur qui tu te reposes
> Compose de bonté le penseur fraternel.
> La bonté, c'est le fond des natures augustes.
> D'une seule vertu Dieu fait le cœur des justes
> Comme d'un seul saphir la coupole du ciel. »

Si je ne croyais pas fermement à la réincarnation, c'est-à-dire aux vies successives, Victor Hugo me donnerait le pressentiment de cette vérité, car avec la croyance d'une seule vie pour mériter le ciel ou l'enfer, on serait forcé d'accuser Dieu d'injustice et de partialité. Croyez-vous que ce soit le milieu et l'éducation qui aient formé l'âme perverse de Néron, celle de Troppmann, et l'âme de saint Vincent de Paul et celle de Victor Hugo, cet autre saint Vincent de Paul des enfants? Croyez-vous ces âmes d'essence pareille? Non, elles sont d'essences autres. Dieu serait donc partial en créant des âmes bonnes et des âmes perverses. Père pour les unes, il ne serait qu'un parâtre barbare pour les autres.

La vérité spirite est celle-ci, et elle doit être la vraie. Dieu crée toutes les âmes semblables, diamant brut qu'il faut polir, bloc de marbre informe, que le ciseau doit transformer en statue, en œuvre d'art.

Les vies successives sont pour l'âme ce qu'est le ciseau pour le marbre : elles sont les creusets où les âmes s'épurent. La souffrance est la grande loi divine qui doit élever l'âme à Dieu, la sortir du mal pour la jeter dans le bien, la dégager de la matière pour l'élever vers les régions divines, Victor Hugo, par des vies antérieures, par des maux soufferts, des luttes soutenues, des efforts énergiques faits, est arrivé à être ce qu'il est, une conscience, une voix de justice et une bonté parfaite. Son talent lui-même est le résultat de plusieurs vies de labeur : poète il a bégayé d'abord, puis il est arrivé à être dans cette vie-ci l'auteur dramatique qu'on ne saurait comparer qu'à Shakspeare ; le poète qu'on ne peut comparer à personne, et l'écrivain au-dessus de tous.

Quels noms porta-t-il jadis ?

Ceci est un mystère ! pourtant, suivant la loi fatale, il a dû commencer par l'ignorance et par le mal, puis il aura souffert ; et la souffrance lui a fait lever les yeux vers Dieu, et suivant la loi ascendante, il aura pérégriné à travers les siècles passés ; montant toujours, il est arrivé à être l'homme du xixe siècle, le grand poète à l'âme voyante.

Il doit avoir passé une ou plusieurs vies en Espagne, il a vécu peut-être un de ces beaux rôles créés par lui dans son théâtre, et ses créations ne seraient que ressouvenances.

Une pensée me vient, elle s'impose à moi, c'est celle-ci : dans une de ses vies, celle sans doute qui a précédé celle qu'il vit dans ce siècle, il a été Jean Milton, le poète républicain dont l'histoire dit : « Son frère vécut heureux, il mourut oublié ; lui vécut misérable, il laissa une mémoire éternelle. »

Il me semble retrouver en Victor Hugo du caractère de Milton ; il me paraît que ces deux personnalités pourraient n'en faire qu'une, modifiée par le milieu et par l'expérience acquise pendant deux siècles. Jean Milton, à dix-huit ans, composait des vers latins d'une élégance virgilienne. Victor Hugo, à quinze ans, était déjà un grand poète !

Milton, âme fière, avait une haine invincible contre l'autorité absolue et brutale. On veut faire un prêtre de lui ; il refuse, disant : « L'homme d'église se fait esclave en prêtant serment, moi je ne veux ni trahir ma conscience ni parjurer ma foi ! »

Il aime la science et le beau, il a besoin d'espace et de liberté. Il a visité l'Espagne et l'Italie ; dans ce dernier pays il trouve Galilée prisonnier, et il s'indigne de voir le génie persécuté, il prend sa cause en main. Il allait visiter la Grèce, lorsque la guerre éclate en Angleterre entre le roi et le parlement ; le poète retourne dans sa patrie, il devient pamphlétaire, tout comme Victor Hugo, après le Deux-Décembre, a quitté la plume du poète pour celle du pamphlétaire et a écrit les *Châtiments;* entre ces deux hommes mêmes instincts, la poésie et la politique. Sous Cromwell, Milton est secrétaire au conseil d'État, il sauve de la prison le poète royaliste Davenant. Victor Hugo écrit :

> Oh! n'exilons personne :
> Oh! l'exil est impie.

Victor Hugo est libéral. Milton écrivit un *Traité sur les devoirs des rois et des magistrats ;* il demanda au parlement le rétablissement du divorce, l'indissolubilité du mariage étant attentatoire à la liberté de l'homme, disait-il. Il avait à se plaindre de sa femme, il la renvoie, elle revient, demande pardon, il était bon, il pardonne. Charles II étant remonté sur le trône, Milton est emprisonné ; il est sauvé par Davenant, mais il ne veut pas faire sa soumission, il préfère la disgrâce et la misère à la honte de parjurer sa conscience, il reprend sa plume de poète... le malheur le frappe cruellement, il perd la vue.

Du mal éclôt parfois le bien ; ne pouvant plus contempler les choses de la terre, Milton obtient la vue de l'âme, il lui est donné d'entrevoir les choses du ciel. Il devient fervent spiritualiste et il écrit le *Paradis perdu.*

Jean Milton, âme fière, cœur noble, républicain ardent, poète sublime, a, avouez-le, bien des points de contact avec Victor Hugo ; est-ce l'âme du chantre du *Paradis perdu* qui anime aujourd'hui le corps de Victor Hugo? Ou bien ces deux âmes sont-elles des personnalités distinctes? Mystères que nous ne connaîtrons que lorsque la mort nous aura jetés dans la lumière et dans la science réelle.

Mais si je ne me trompe pas, si Victor Hugo a été Milton, ou si Milton est revenu vivre une vie humaine sous le nom de Victor Hugo, notre cher poète doit se sentir une sorte d'attraction pour l'œuvre et pour la personnalité de Jean Milton, il doit avoir une sorte d'intuition qu'un lien le rattache à l'auteur du *Paradis perdu*.

Si mon livre a l'honneur d'être lu par Victor Hugo, il ne raillera pas, j'en ai la certitude, la pensée qui me vient de rechercher les vies qu'il a déjà vécu. Car ces voix mystérieuses venues d'un autre monde lui ont parlé ; elles ont murmuré à son oreille les secrets de la vie, les secrets de la mort.

Et avec l'espoir que ces lignes tomberont sous

ses yeux, je lui dis : N'ayant qu'une plume d'oie pour parler de son œuvre écrite avec une plume d'aigle, j'ai préféré imposer silence à mon esprit et laisser parler mon âme de la grande âme du poète à la bonté sublime.

LITTRÉ

E génie poétique et littéraire de Victor Hugo a rempli de son éblouissante lumière tout le XIXe siècle.

La science de Littré a éclairé tout le XIXe siècle.

Ces deux hommes, si dissemblables, sont de valeur égale.

Victor Hugo, en poésie, en littérature, est monté aussi haut qu'il était possible de monter.

Littré, en science, est allé aussi loin que le cerveau le plus vaste, le plus puissant peut aller; il n'a pas été un simple spécialiste, mais un réel savant sachant tout, connaissant tout et faisant faire un immense progrès à toutes les branches de nos connaissances; il a tracé aux chercheurs de l'avenir la route qu'ils devaient prendre ; il leur a indiqué l'ordre et la méthode à suivre pour qu'ils ne s'égarassent point dans des sentiers sans issue.

Les poètes et les écrivains des siècles futurs appelleront le xix° siècle le siècle de Victor Hugo.

Les savants des siècles futurs nommeront le xix° siècle le siècle de Littré.

On donne trop facilement, en France, le titre de savant. Il est des hommes, se vouant à la chimie, à la physique, aux mathématiques, à l'astronomie ou à l'histoire, qui sont gratifiés à tort de ce titre de savant, tandis qu'ils ne méritent que celui de spécialistes habiles en telle ou telle branche de nos connaissances acquises.

Un vrai savant doit tout savoir ; il doit procéder par l'étude de l'universel, car tout s'enchaîne dans l'ordre scientifique.

Pour tout étudier, pour tout comprendre et pour avoir la puissance de faire avancer nos sciences, il faut avoir une énorme intelligence, il faut avoir l'énergie et le dévouement de vouer sa vie entière à la science ; il faut être un homme supérieur entre tous.

Littré a eu cette énorme intelligence, il a eu ce dévouement sublime ; nul mieux que lui ne mérite d'être admiré et d'être aimé ; il a été de France le plus grand citoyen, car il a puissamment contribué à la gloire de notre chère patrie.

Je sens le vertige envahir mon faible cerveau lorsque je songe à tout ce qu'a appris Littré, et lorsque je pense à son œuvre colossale.

Il a appris tout ce qu'on apprend dans nos lycées, et si bien qu'il a remporté plus de cent prix à sa dernière année de Louis-le-Grand.

Il a appris à fond le grec, le latin, le sanscrit, l'anglais, l'italien et l'allemand.

Il a traduit un chant de l'*Iliade* en vers français ; il a traduit en français Pline l'Ancien ; il a fait une traduction d'Hippocrate.

Il a étudié à fond la langue française, ses origines, les étymologies, les dialectes ; et il a édifié un monument : son *Dictionnaire* est une œuvre admirable comme plan, comme méthode et comme clarté ; car il donne l'histoire du mot, ses sens actuels, sa prononciation et ses significations grammaticales.

Il a étudié la médecine; il est devenu si savant en cette science qu'il a été membre de l'Académie de médecine, et, chose bizarre, il n'était pas même docteur: il lui a fallu une valeur éclatante pour forcer quand même les portes de cette académie. On sait combien sont pédants, formalistes et routiniers nos savants palmés!

Il a refait avec Charles Robin tout le *Dictionnaire de médecine et de chirurgie* de Nysten.

Il a étudié à fond : mathématiques, physique, astronomie, chimie, biologie et sociologie, c'est-à-dire les quatre groupes formant l'ensemble de nos sciences positives, et à toutes ces sciences il a fait faire un grand progrès.

Il a traduit le *Manuel de physiologie* de Muller, la deuxième édition de la *Vie de Jésus* de Strauss.

On le voit. Littré a été un savant complet, un universel, et la science réelle doit procéder de l'universalité. Son œuvre est colossale, il a consacré cinquante ans de sa vie au bien général;

galérien de la science, il a passé un demi-siècle à travailler jusqu'à trois heures du matin au progrès de nos connaissances. Quel est le Français qui peut se vanter d'avoir mieux que lui bien mérité de la patrie?

Et pourtant, le nombre des imbéciles est, hélas! si grand encore en France, que Littré, au lieu d'être aimé et admiré de tous, a été en butte à la haine de beaucoup. L'évêque d'Orléans s'est mis à la tête du camp haineux. Pourquoi cette haine? pourquoi ces anathèmes? Tout bonnement parce qu'en science, Littré a choisi le positivisme comme la seule méthode sûre et pouvant donner des résultats satisfaisants.

Parce que, se posant en adepte d'Auguste Comte, il a écrit ceci : « La philosophie réelle de toutes les sciences se résume en trois phrases : la première est celle du fétichisme, théocratisme, monothéisme, ou polythéisme ; la deuxième est celle de la métaphysique, et la troisième celle du positivisme, qui supprime l'hypothèse pour ne s'appuyer que sur la réalité. Dieu n'étant qu'une hypothèse, l'âme immortelle pouvant n'être qu'une illusion de l'esprit, Dieu doit être écarté de la science, et l'âme doit être étudiée comme étant l'ensemble des fonctions du cerveau et de la moelle épinière. »

Cette déclaration lui a valu la haine du camp croyant à l'histoire de Jonas, au soleil arrêté par Josué, à la mer Rouge se retirant, non par le simple effet de la marée, mais par celui d'un miracle venant changer des lois que le Créateur a faites immuables.

L'évêque d'Orléans, poussé par cette intolérance qui avait animé ses devanciers et avait fait menacer Galilée du bûcher et nier la circulation du sang découverte par Harvey, l'évêque d'Orléans a fulminé contre ce savant et cet honnête homme ; il a commis l'action bête et mauvaise d'écrire sa brochure intitulée *Avertissement aux pères de famille*, dans laquelle il accuse Littré d'être un type d'immoralité. Ce prélat fougueux, et célèbre seulement par son intolérance, le fait échouer une première fois à l'Académie, et enfin lorsque les trente-huit immortels se sont fait le grand honneur d'admettre parmi eux le grand Littré, l'évêque d'Orléans, se rendant justice cette fois-ci, et comprenant que sa science biblique était indigne de siéger à côté de la science moderne et universelle de Littré, a donné sa démission avec grand tapage.

Littré, disent les dévots, a prétendu que l'homme descendait du singe, que Dieu n'existait pas et que le néant attendait l'homme.

Il a dit ceci, et il ne l'a pas dit: la science, a-t-il affirmé, doit être positive et ne point s'appuyer sur de simples hypothèses.

Eh bien! moi qui suis spiritualiste, qui crois en Dieu, qui crois en l'âme comme être distinct du corps, et seulement emprisonnée en lui et devant lui survivre, si j'avais le savoir de Littré, si j'avais sa vaste intelligence, et si je pouvais m'occuper de sciences, j'adopterais la méthode positiviste; en science, tout ce qui ne se prouve pas ne doit pas exister.

Les croyances en Dieu, en l'immortalité de l'âme ne se prouvent pas, elles s'imposent à l'homme par une sorte d'intuition et de pressentiment; mais intuition et pressentiment ne doivent pas être comptés en science.

Que les savants analysent donc les matières,

qu'ils étudient les réalités... et que chacun croie ce qu'il croit, qu'il comprenne ce qu'il comprend dans ces questions obscures, mystérieuses de Dieu et de l'âme, voilà le vrai, le sage et le réel progrès; hors de là, tout est intolérance et vieille routine.

Croire ce qui est imposé par un clergé aussi peu éclairé que nous-mêmes, c'est le mensonge, c'est le fétichisme.

Si Dieu avait voulu que nous fussions fixés sur ces mystères, il aurait inscrit dans les sphères bleues qui nous servent de voûtes ce que nous devons croire; il aurait, au moyen de ces étoiles qui brillent au-dessus de nous, écrit en langage compréhensible pour tous : « Il y a un Dieu, vous avez en vous une âme immortelle. »

Alors celui qui n'aurait pas cru, aurait mérité en bonne justice son courroux ; mais il lui a plu de nous laisser plongés dans le doute et dans l'obscurité. Évidemment, ceci prouve que le doute ne lui déplaît pas ; — il veut peut-être, en agissant ainsi, s'amuser des suppositions que font tous les humains et voir comment chacun explique et comprend sa merveilleuse création et son être unique et divin.

Mais Dieu, être logique, parfait et puissant, ne peut pas aimer la croyance imposée, tandis qu'il doit pardonner toute croyance réelle.

S'il nous a jetés sans boussole dans ce monde et sans indice certain sur notre origine et sur notre avenir, n'est-ce pas pour que nous cherchions à découvrir la vérité? Les recherches, celles même conduisant au faux, ne peuvent donc lui déplaire.

Il aurait pu nous donner la lumière; il nous a laissés enveloppés dans une obscurité mystérieuse dont le doute est la conséquence, — le doute est par conséquent une loi divine, que Dieu ne saurait punir.

Maintenant, si, scientifiquement, on ne doit faire entrer en ligne de compte ces deux grandes hypothèses, Dieu et l'âme immortelle, chacun a le devoir d'écouter intuition et pressentiment, et de croire ce que lui dit la voix de son âme. Si une âme est muette, si elle ne dit pas : — Dieu et âme sont des réalités, de quel droit jetterez-vous l'anathème?

Littré nous a donné en pâture sa science ; il a gardé pour lui les renseignements que lui a donnés la voix de son âme.

Les articles écrits sur la mort de ce grand homme prouvent que certains matérialistes sont aussi intolérants que le fameux évêque d'Orléans.

La vie privée de Littré a été un modèle ; il a été fils dévoué, mari bon et fidèle, excellent père ; il a été charitable, les pauvres de Mesnille-Roi en savent quelque chose. Bienveillant à tous, les injures de ses ennemis ont glissé sur lui sans lui inspirer la moindre amertume ; il a toujours eu cette immuable sérénité du vraiment fort. Gloire et respect à lui ; s'il a douté de l'âme, il a été comme ces beautés parfaites qui s'ignorent.

Avec lui, la physiognomonie est en défaut : sa lèvre inférieure, pendante et charnue, indiquait un voluptueux, un homme aux appétits grossiers, et il a été un chaste.

CAMILLE FLAMMARION

Un savant!!!

Généralement, c'est un monsieur à lunettes, bien laid, *grinchu*, pédant, et se faisant un jeu malin de rendre la science aussi aride qu'inaccessible; car il ne déplaît pas à son orgueil de laisser les autres dans l'ignorance, afin de pouvoir les écraser de son savoir.

Confectionner sa célébrité l'absorbe de telle façon, qu'il ne songe même pas à travailler à la diffusion de la lumière; il écrit, il parle un pathos scientifique, compréhensible seulement pour ses pareils.

Ils sont une trentaine de savants en France

ressemblant à ce savant-là ; se sentant ennuyeux, ils se croient utiles ; ils se *palment*, se décorent mutuellement et gravement ; ils se hissent aux instituts ou se nomment — immortels.

Ces personnages-là sont bien les êtres les plus parfaitement antipathiques de Paris et de Pékin.

Camille Flammarion ne leur ressemble en rien, et je l'en félicite ; c'est un sympathique, un utile et un charmant garçon ; la science a l'air d'être innée en lui ; il est savant par essence et par tempérament, je ne serais pas étonnée qu'il fût né savant... Pourquoi pas ? Astronome dans une planète peut-être plus avancée que la nôtre, il est venu s'incarner chez nous pour nous laisser entrevoir les mystères des astres, de ces mondes innombrables qui nous dominent ou nous entourent.

Oui, Flammarion est savant naturellement, comme Mozart était né musicien, aussi n'est-il ni pédant ni prétentieux ; il ne songe qu'à une chose, faire avancer la science astronomique et la généraliser, et, pour la rendre familière à tous, il a quitté le pathos de convention pour le style clair et simple. Ce grand savant est encore jeune, il ne porte pas lunettes; il est joli garçon, ses traits sont réguliers, son visage est tout nimbé de lumière; il a de beaux yeux au regard souriant et loyal; une forêt de cheveux châtains frisottants, qu'il porte assez longs, lui font une tête originale; comme Théo Gauthier, il tient beaucoup à ses longs cheveux; cette chevelure vigoureuse repousse vite, il doit la couper souvent, sans quoi elle deviendrait manteau. Faut-il être indiscrète? Eh bien! l'épouse de ce savant, une femme bonne, jolie, intelligente, et qui adore son mari, a recueilli précieusement cette toison, elle en a fait un coussin, tout brodé d'or, qu'elle conserve comme le plus précieux de ses joyaux. Rarement les savants ont la science d'être bons maris; ce détail prouve que Flammarion possède même cette charmante science!

Il est né, en 1842, dans la petite ville de Montigny-le-Roi, qui est située dans un site agreste et poétique; elle est bâtie sur les dernières collines orientales du plateau de Langres, au point où la Meuse et la Marne prennent naissance. Souvent les enfants prodiges avortent; Flammarion, d'enfant prodige, est devenu un homme de grande valeur. A quatre ans, il savait lire ; à six ans, le préfet de la Haute-Marne le citait comme le plus instruit de l'école. Il a commencé ses classes au séminaire de Langres, mais il était autant indiscipliné que travailleur, et ce n'est pas peu dire. A quatorze ans, il quitta le séminaire, vint finir ses études à Paris. A seize ans, il passa brillamment ses examens de baccalauréat ès lettres et ès sciences et, trois mois après, il était reçu élève astronome à l'Observatoire de Paris.

Né sur une montagne, ayant poussé dans des régions à l'air pur et vivifiant, il a mis la même ardeur intrépide à atteindre le sommet de la science, qu'enfant il en mettait à gravir la colline agreste. Aujourd'hui, il n'a pas encore quarante ans et déjà son œuvre est colossale.

Chose curieuse, son œuvre capitale, celle qui a été une révélation, qui a enthousiasmé le public non seulement de France mais de l'Europe, sa *Pluralité des mondes habités* a été écrite par lui en 1862, alors qu'il n'avait encore que vingt ans... N'avais-je pas raison de dire que la science est innée en lui ?

Son livre a bouleversé les vieilles croyances, il a sapé la routine des sciences acquises; avec une rare maestria, avec une grande force scientifique, il a exposé les conditions d'habitabilité des terres célestes, qui, jusque-là, avaient été discutées au point de vue de l'astronomie, de la physiologie et de la philosophie naturelle.

Ce jeune homme, adolescent encore, a démontré par ses travaux, et cela victorieusement, que les autres mondes sont habités comme la terre, et que la vie universelle, éternelle, est la conclusion philosophique et naturelle de tous les progrès de l'astronomie moderne.

Avant lui, les astronomes ne voyaient dans le ciel que des pierres en mouvement ou des points brillants étrangers à nos destinées. Et l'on traitait de rêveurs les philosophes qui, comme Képler et Fontenelle, pressentaient cette grande doctrine de la pluralité des mondes.

Flammarion a clairement démontré que notre planète n'est qu'une province de la création; que l'histoire de la terre n'est qu'un épisode de l'histoire de l'univers, et que toutes ces étoiles qui brillent au ciel sont des foyers éclairant, soit dans le présent, soit dans le passé, soit dans l'avenir, des humanités inconnues, sœurs de la nôtre.

Parler de tout ce qu'a fait Flammarion m'est impossible dans une simple silhouette; à mon grand regret, je ne puis que citer au hasard de la mémoire ses œuvres principales. Il a été attaché au bureau des longitudes et chargé des calculs du mouvement de la lune *pour la connaissance du temps.*

Il a succédé à l'abbé Moigno dans la rédaction du *Cosmos.*

Il s'est fait un petit observatoire particulier, et il a découvert de nouvelles étoiles doubles et des systèmes stellaires.

A l'aide d'un instrument photométrique de son invention, il est parvenu à mesurer la lumière solaire, à dessiner les taches du soleil, les continents et les mers de la planète Mars, dont il a fait la carte géographique.

Il nous a fait entrevoir les mondes infinis; il a ouvert des horizons infinis à notre intelligence et à la science astronomique.

Il a écrit *les Mondes imaginaires et les Mondes réels.*

Dieu dans la nature, ou le Spiritualisme et le Matérialisme devant la science.

Voyages aériens. Récit de ses douze ascensions.

Vie de Copernic.

L'Atmosphère. Description des grands phénomènes de la nature.

Récits de l'infini, — *Lumen,* histoire d'une âme, histoire d'une comète, la vie universelle et éternelle.

Les Terres du Ciel.

Il a écrit également son *Astronomie populaire,* qui compte plus de cinquante mille souscripteurs, suivie des *Étoiles,* qui forment le supplément de ce bel ouvrage. Enfin, actuellement, il publie un journal scientifique, *l'Astronomie.*

Flammarion habite rue Cassini, près de l'Observatoire; nécessairement, il s'est installé le plus près du ciel possible, au cinquième. Si l'on faisait des maisons à dix étages, il se logerait au dixième; son appartement, encombré de dix mille volumes, de cartes, de mappemondes et d'objets d'art, donne sur un grand balcon ; vêtu d'une veste en laine blanche, les cheveux au vent, chaque soir, Flammarion regarde les astres ; il initie sa toute gracieuse femme aux merveilles des mondes inconnus ; il porte au doigt une bague qui, en guise de diamant, a un morceau de pierre tombée du ciel sur notre terre. Le mari et la femme accueillent leurs visiteurs avec une grande cordialité, et jamais on ne vit plus charmant ménage de savant.

Après ses qualités, ses défauts : Flammarion est coquet comme deux jolies femmes, et... je m'y attends, il va me faire une querelle d'Allemand, parce que le portrait que je donne de lui l'enlaidit. Comme on m'a fait laid ! va-t-il dire à mon éditeur.

EDISON

Thomas-Alva Edison représente bien l'énergie, l'initiative et la hardiesse du grand peuple américain, qui, en liberté, en science et en progrès, pousse toujours ce cri magique : *En avant!*

Il montre au vieux monde jusqu'où peut aller la science humaine, alors que l'esprit de l'homme n'est pas entravé par la science officielle, toujours prête à crier : Halte-là ! et toujours portée à sommeiller béatement sur les lauriers acquis.

En Europe, les membres de nos instituts et de nos académies déclarent avec une gravité superbe : *Ce qui peut être.* En Amérique, les hommes, non empêtrés dans les bornes des sciences acquises, disent : *Tout est possible*, et ils vont de l'avant.

Thomas-Alva Edison est, en plus, la personnification la plus parfaite de l'initiative de l'esprit humain : ce qu'il sait, nul ne lui a appris ; ce qu'il a inventé, nul savant professeur ne lui en a fourni les indications premières.

Je ne connais qu'une chose plus étonnante que les découvertes d'Edison, c'est sa vie. Quel roman fantastique, émouvant, incroyable et merveilleux on ferait avec la vie de ce célèbre électricien ! Et comme cette vie personnifie bien le génie hardi du grand peuple américain !

Thomas-Alva Edison est né le 10 février 1847, à Milan, petite ville de l'État de l'Ohio ; mais son enfance s'est écoulée à Port-Huron, dans l'État de Michigan. Son père a été tour à tour tailleur, jardinier, brocanteur, grainetier ; c'est un fort honnête homme, mais peu instruit et nullement poussé aux sciences. Sa mère est une de ces femmes du nouveau monde intelligentes et instruites. Dans cette contrée, les hommes se disent qu'ayant, eux, à s'occuper des affaires, il incombe aux femmes de s'instruire, afin qu'elles puissent devenir le professeur de leurs enfants.

Le jeune Edison n'eut d'autre professeur que sa mère, qui, tout en soignant son ménage, lui apprit tout ce qu'il ne s'est pas appris tout seul. Elle lui inspira le goût des lectures sérieuses en mettant dans ses mains l'*Histoire d'Angleterre* de Hume et l'*Encyclopédie*. Il n'avait que douze ans lorsque son père lui tint ce petit discours :

« Mon fils, nous sommes pauvres, vous êtes fort et robuste, il est temps que vous gagniez votre vie ; dès demain, vous entrerez comme *train-boy* sur la grande ligne du Central Michigan.

— *All right!* répondit l'enfant ; et le lendemain il commençait son métier.

On le sait, en Amérique, les wagons sont larges, confortables ; on y trouve des lits, des cabinets de toilette, des salles à manger ; la nuit, ils sont éclairés au gaz, un large couloir les traverse, on peut se promener, aller de l'un à l'autre ; le voyage en chemin de fer, en Amérique, rappelle celui en bateau à vapeur, roulis et tangage en moins. A chaque station des marchands montent dans le train, offrant aux voyageurs tout ce qui peut leur être utile et agréable. Parfois une troupe d'opéra ou de comédie monte aussi, et donne une représentation à toute vapeur. On appelle *train-boys* les jeunes garçons qui font le métier de marchands ambulants dans les wagons.

Edison se fit marchands de journaux, libraire et pâtissier. Ce petit commerce lui réussit. Alors il devint *notable*, il eut des jeunes commis à son service, et pendant que ses employés vendaient les marchandises qu'il avait achetées, il se livrait, lui, à sa passion pour la lecture.

Un jour, parmi les livres qu'il achetait avec ses économies, il se trouva le *Traité d'analyse qualitative* de Frezenius. Le jeune Edison s'absorba des heures entières sur chaque page de ce livre, qui fut pour lui une sorte d'initiation, car il lui fit pressentir toutes les forces contenues dans la matière. Une idée fixe germa dans son cerveau : faire des expériences sur les matières que Frezenius n'avait point expérimentées.

Vivant sur le chemin de fer, n'ayant que des

ressources bien minimes, se créer un laboratoire aurait semblé à tous une impossibilité ; Edison réalisa ce tour de force. Un coin d'un fourgon lui était réservé; il y installa fourneau, cornues, creusets, sels, acides et réactifs, et en cachette, et à toute vapeur, il fit ses premières expériences; sans maître, sans guide aucun, il fit son apprentissage d'expérimentateur. Tout en se livrant à ce travail, il étudiait les machines, les appareils du chemin de fer, il se faufilait dans les bureaux du télégraphe, se faisait expliquer le fonctionnement des appareils, demandait les détails les plus minutieux. La télégraphie avait pour lui une attraction extrême. On peut dire qu'Edison est né électricien.

Toutes ses économies étaient absorbées par l'achat de livres de science et par son laboratoire; il vivait comme un anachorète, ne sacrifiant rien au plaisir.

Il a eu dans ce temps-là l'idée la plus américaine et la plus originale du monde. En allant acheter les journaux que revendaient ses *train-boys*, il apprit la typographie, puis se rendit acquéreur de vieux caractères que l'imprimerie du *Détroit five Press* vendait au rabais, et après avoir déjà installé un laboratoire sur le grand *Central Michigan*, il y installa une imprimerie et créa un journal dont il était le rédacteur en chef, le compositeur et l'imprimeur; il prenait les nouvelles par télégraphe aux stations, il les composait, il imprimait, et il livrait aux voyageurs son *Grand Trunk Herald* encore tout humide. Ce journal, fait en courant à toute vapeur, eut un grand succès, mais il finit d'une façon tragique. Un jour qu'Edison venait de composer en hâte son journal, et qu'en hâte encore il parcourait les wagons pour le vendre aux voyageurs, une bouteille contenant un des produits entassés dans le coin du fourgon qui lui sert de laboratoire se casse, met le feu au fourgon; le conducteur s'aperçoit de ce commencement d'incendie, l'éteint, mais jette sur la voie cornues, fioles, creusets et aussi la petite imprimerie, et non content d'avoir ruiné ce jeune savant, il lui administra une rude correction.

Sans se décourager, Edison continua son métier de *train-boy*. Le train qu'il suivait s'arrêtant quelques heures à Détroit, il courait à la bibliothèque de cette ville, et, fiévreusement, il se mettait à lire des livres de science. Sa soif de savoir était inextinguible, il lisait tout, se disant que chaque ouvrage contenait un peu de ce grand savoir humain. Le *Dictionnaire scientifique* de Duré et les *Principes* de Newton fixèrent particulièrement son attention.

Lorsque le train le ramenait à son point de départ, à Port-Huron, ne trouvant là aucune bibliothèque, il y occupa ses loisirs à confectionner un télégraphe dans la maison de son père. Les débris de métaux, de vieilles poteries hors d'usage lui servirent ; ceci fait, il travailla à construire des appareils de transmission et de réception, il combina les améliorations à apporter à la télégraphie, il étudia à fond l'électricité.

Ces études lui coûtant au lieu de lui rendre, ayant passé l'âge de *train-boy*, il dut chercher des ressources dans un métier manuel ; il apprit plusieurs métiers sans goût, car l'électricité l'attirait.

Un jour il put enfin entrer au télégraphe, grâce

à la protection d'un chef de gare, dont il avait sauvé l'enfant par un acte de courage et de sang-froid.

En 1864, c'est-à-dire alors qu'il n'avait encore que dix-sept ans, il inventa ce qu'il appelle le système *duplex*, qui consiste à faire passer simultanément sur le même fil deux dépêches en sens inverse. Il inventa aussi un cadran et un enregistreur chimique.

C'est à New-York, deux ans plus tard, que la fortune a commencé à lui sourire. Appelé pour réparer l'indicateur de la *Gold and stock Company*, non seulement il s'acquitta à merveille et promptement de ce travail, mais il inventa un appareil qui imprimait successivement les variations des cours des valeurs. Cette invention lui fut achetée très cher par la compagnie de l'Union des télégraphes de l'Ouest. Dès lors, il eut les moyens de se livrer à ses chères études. En moins de huit ans, il prit soixante-sept brevets; ceci, mieux que des phrases, fait comprendre l'activité prodigieuse de l'ex-*train-boy*. Fort jeune, il s'est trouvé à la tête d'une immense fortune, car grand nombre de ses découvertes lui ont été payées 500,000 francs comptant, et bien loin de songer à s'amuser et à jouir de sa fortune, il a consacré cinq millions à ses expériences, il s'est fait construire à Menlo-Park un laboratoire splendide, il a établi une fabrique à Newark dans laquelle sont employés trois cents ouvriers, il y exploite une de ses inventions, un télégraphe imprimeur.

Cet homme extraordinaire doit avoir un cerveau mis lui-même en mouvement par un puissant courant électrique, car il crée, invente électriquement; ce qu'il a inventé suffirait à illustrer cinquante savants; il n'y a guère que trois de ses inventions qui soient très connues en France, ce sont le phonographe, le téléphone et la plume électrique.

Y a-t-il quelque chose tout à la fois de plus simple et de plus merveilleux que le phonographe, un disque vibrant, muni d'une pointe métallique traçant sur une feuille d'étain adaptée à un rouleau tournant sous la pression de la main, ou mû par un mouvement d'horlogerie, une série de points représentant exactement les vibrations du disque sous l'impression de la voix humaine. Et lorsque le chant ou la conversation sont finis, on remet le rouleau à son point de départ, on le fait se dérouler, la pointe métallique repasse par la série des mêmes points qu'elle a creusés dans l'étain : le disque, subissant des vibrations pareilles à celles que lui a fait éprouver la voix humaine, reproduit le discours ou le chant avec une petite nuance nasillarde et railleuse.

Quel beau bûcher le moyen âge aurait allumé pour ce grand inventeur !

M. Edison travaille à perfectionner le phonographe ; bientôt à ceux que nous aimons et dont l'Océan nous sépare, nous n'enverrons plus un chiffon de papier toujours très froid et bien peu expert à dire : Je t'aime. Nous pourrons envoyer une feuille d'étain qui, répétant les caresses de notre organe, lui portera mieux que nos pensées une partie de nous-même, notre voix.

Hourra pour M. Edison !

Pour finir ma silhouette, je vais piétiner un brin sur le fameux mur de la vie privée et vous compter comment s'est passée la première nuit de noces de ce savant.

Tout à la science, Thomas-Alva Edison connaissait à peine l'amour de nom; il n'avait jamais pris le temps de réfléchir à ce que pouvait bien être ce sentiment-là. Un jour, dans sa fabrique, il remarqua miss Mary Stillwell, une jeune fille qui était son employée; il lui trouva la physionomie sympathique, l'air doux et intelligent; il la revit avec plaisir, puis il fut tout étonné de voir toujours apparaître dans ses rêves le charmant visage de miss Stillwell; il finit par comprendre qu'il était atteint de ce mal nommé amour, et, sans plus de préambule, il dit un jour à la jeune fille : « Voulez-vous devenir Mme Edison ? »

Quel rêve pour la simple ouvrière! Un mois après cette demande, il se mariait sans faste, sans fête; un repas réunit les familles, puis il emmena sa femme dans la maison, il lui en fit les honneurs, puis il lui dit : « Ma chère Mary, installez-vous et permettez-moi d'aller passer un quart d'heure à la fabrique : une simple inspection à faire et je reviens. »

Une fois à sa fabrique, il entre dans son laboratoire, et voilà que sa maîtresse adorée, la science, s'empare si bien de lui qu'il oublie sa femme : à minuit, il était devant sa cornue; un des témoins de son mariage, passant par hasard devant son laboratoire, y voit de la lumière ; il y monte, croyant que des malfaiteurs profitaient de la circonstance pour dévaliser son ami, et il trouve l'inventeur absorbé dans son travail :

— Que fais-tu là, malheureux? s'écrie-t-il.

— Mais tu le vois, je travaille, répond Edison tout étonné.

— Tu travailles, la première nuit de tes noces ; que veux-tu que dise ta femme ?

Edison se frappe le front et, se levant vivement, s'écrie :

— J'avais oublié... c'est vrai, je suis marié.

Inutile de dire que sa femme lui a pardonné et qu'elle l'adore; ils ont deux charmants enfants : l'un se nomme Dot, qui en anglais signifie *point*, et l'autre Dash, qui signifie *petit trait*, — deux signes télégraphiques.

Le grand-père d'Edison est mort à cent ans ; son père a quatre-vingts ans et il se porte à merveille. Ce grand savant jouit aussi d'une robuste santé; il n'a que trente-trois ans, tout fait espérer que l'inventeur deviendra centenaire, et ceci nous promet de nombreuses et merveilleuses découvertes encore.

Edison est de taille moyenne, un peu voûté ; son regard, dans son laboratoire, est terne, comme mort ; mais lorsqu'il cause, il devient vif ; un sourire gai et franc illumine son visage.

C'est le savant le plus savant, le plus simple, le plus modeste et le plus sympathique qui soit sous la voûte azurée.

FERDINAND DE LESSEPS

Je ne connais pas d'homme plus surprenant par son esprit universel, par son patriotisme ardent et par son activité extraordinaire que M. Ferdinand de Lesseps.

Il appartient à l'histoire ; sa haute personnalité aura tenu les trois quarts du xixe siècle.

Chez lui, chose rare, le corps est de fer ; il se prête merveilleusement à l'activité fébrile de l'esprit.

Son intelligence géniale se distingue par une largeur de vue embrassant notre planète d'un pôle à l'autre ; elle est en même temps logique et calculatrice, elle embrasse le plan le plus vaste et le conçoit de suite dans son ensemble et dans ses moindres détails.

Il a encore une qualité remarquable, il est organisateur.

M. Haussmann a transformé Paris ; M. de Lesseps, examinant d'un coup d'œil d'aigle la planète terre, a ouvert des chemins d'une mer à une autre, rendant ainsi le tour du monde une simple promenade.

Il a planté le drapeau français sur le sol égyptien, non pas par la force brutale des armes, mais par la puissance de la science.

Il vient d'aller le planter dans le nouveau monde ; grâce à lui, le génie français, remplaçant fort avantageusement le canon, s'affirme du sol africain au continent de Christophe Colomb.

Grâce au tact qu'il possède, grâce à la ténacité qui le possède, M. de Lesseps sait vaincre tous les obstacles et mener à bonne fin tout ce qu'il entreprend. Panama aura le même succès que Suez.

M. le vicomte Ferdinand de Lesseps est né à Versailles, en novembre 1805. Son acte de naissance porte donc soixante-dix-sept ans: mais son corps robuste en marque soixante pour la figure et quarante pour la force physique. Son esprit possède cette lumineuse force qui éclaire jusqu'à son dernier souffle.

Il est issu d'une grande famille de diplomates. Son grand-père, Martin de Lesseps, a été consul général, puis chargé d'affaires à Saint-Pétersbourg. Son oncle, le baron de Lesseps, a été le compagnon de La Pérouse, dans sa grande expédition : sous la Restauration, il fut chargé d'affaires de France à Lisbonne.

Son père, le comte de Lesseps, est mort à Tunis en 1812, consul général de France; il avait été, sous le premier Empire, gouverneur des îles Ioniennes; il avait épousé une Espagnole de Malaga, dont la sœur fut la mère de la comtesse de Montijo, mère de l'ex-impératrice; de là vient la parenté de Ferdinand de Lesseps avec l'ex-famille impériale.

M. Ferdinand de Lesseps fut nommé élève consul en 1827. En 1828, il fut envoyé à Tunis. En 1830, il accompagnait le général Clausel allant remplir une mission dans la province de

Constantine. En 1831, il fut envoyé comme vice-consul en Égypte. Dès 1836, il reçut la croix de la Légion d'honneur pour son héroïque conduite pendant la terrible peste.

Consul à Rotterdam en 1838, il se distingua dans les négociations devant séparer définitivemennt la Belgique de la Hollande, et fut nommé consul de première classe à Malaga; de là il alla à Barcelone, où il se fit remarquer par la rare énergie qu'il déploya, pendant l'insurrection et le bombardement de cette ville, pour protéger les intérêts et la sécurité de la colonie française et aussi de la colonie espagnole. Les résidants français lui offrirent son buste en marbre, la chambre de commerce de cette ville lui vota une adresse de remerciements, la chambre de commerce de Marseille fit de même, et plusieurs nations étrangères lui offrirent des décorations.

En 1843, ce fut grâce à lui que Barcelone ne fut pas bombardée une deuxième fois.

En 1848, Lamartine nomma M. de Lesseps envoyé extraordinaire et ministre plénipotentiaire à Madrid; de là il reçut pour Rome une mission du gouvernement; mais celui-ci, changeant subitement de politique, comme cela arrive si souvent chez nous, trouva commode de désavouer son envoyé; Ferdinand de Lesseps, après avoir prouvé que ce n'était pas lui qui avait eu tort, quitta la vie publique, et, *sur sa demande*, fut placé sur le cadre des ministres plénipotentiaires *sans traitement*.

Pendant son séjour en Égypte, l'idée du percement de l'isthme de Suez était éclose dans son cerveau, il l'avait étudiée et mûrie; libre, il se voua à cette œuvre colossale; l'on sait quel génie et quelle énergie il a dépensés pour la mener à bonne fin.

Pour des natures d'élite pareilles, l'activité fiévreuse, c'est la vie; aussi, loin de songer au repos, il a entrepris le percement de Panama, dont les résultats seront aussi utiles au monde entier que ceux du percement de l'isthme de Suez.

Il y a douze ans, M. de Lesseps, veuf depuis de longues années d'une demoiselle Cabarrus, a épousé une ravissante créole de dix-sept ans; il a de ce second mariage la plus adorable petite famille qu'on puisse voir, des enfants superbes de santé et remarquables de précoce intelligence.

A titres différents, Victor Hugo, Littré, Ferdinand de Lesseps, voilà les trois grandes figures qui se détacheront brillantes et lumineuses dans l'histoire de ce XIXe siècle, si troublé et si mouvementé.

ALEXANDRE DUMAS

Alexandre Dumas fils est plus idéologue que penseur ; la logique lui fait horreur, le faux le séduit, mais ce qui l'attire d'une manière irrésistible, c'est l'*impossible*.

Je m'explique. Être un bon auteur dramatique, c'est difficile, c'est presque *impossible ;* c'est pourquoi Dumas a songé à écrire pour le théâtre. Il allait pouvoir lutter d'estoc et de taille contre son idéal, l'*impossible*.

La victoire lui est restée ; ses deux premières comédies ont été si remarquables, qu'elles l'ont haussé presque jusqu'à Molière. La difficulté vaincue, cet affamé de lutte a cherché une *impossibilité* plus forte, et il a, dans le *Fils naturel*, transporté le code au théâtre ; il a transformé les acteurs, et même les charmantes actrices, en philosophes de fantaisie, débitant des thèses d'une moralité... à rebours et des articles du code.

Faire applaudir cette peu heureuse innovation paraissait chose improbable. Il était ravi ; mais voilà que, par son grand talent, par ses mots à l'emporte-pièce, il a une fois encore vaincu l'*impossible*.

Devenues faciles à faire accepter, ces comédies taillées dans le code n'ont plus amusé cet esprit paradoxal ; il a cherché autre chose, il a trouvé une *impossibilité* si... *impossible* que, rayonnant de joie, il s'est écrié : « Oh ! cette fois, la lutte sera dure ! »

Voici ce qu'il avait trouvé : inventer des types de femmes hors nature, présenter ces filles de sa capricieuse imagination au public, les fustiger ferme et dire aux femmes : « Voilà comment vous êtes ! Aussi, moi, grand vengeur de la saine raison et de la morale, je vous donne le fouet, et en public même. »

Eh bien! en voyant jouer *Diane de Lys* et l'*Ami des femmes*, le public étonné a bien dit : « Mais Diane de Lys et Mme de Cimerose ne sont pas des types ; si elles ont existé, ce n'est qu'à l'état de rare exception. » Mais le dialogue étant vif, l'auteur ayant dépensé un esprit brillant, le public a pourtant applaudi. Les femmes, tout en disant : « Nous ne sommes point ainsi, » séduites par le grand talent de Dumas, ont déchiré leurs gants à six boutons pour applaudir ces deux comédies.

Ce grand blasé, à la recherche, non d'émotions, mais de grandes luttes, s'est dit avec mauvaise humeur : « Ce public est insupportable, il accepte tout ; avec lui tout est possible. » Un moment, il a eu la pensée, poussé par le dépit, de briser sa plume... Soudain, un plan de pièce se dessine dans son esprit, une idée bizarre éclôt dans son vaste cerveau ; de nouveau ses yeux brillent. Cette fois-ci, il va faire bondir le public ; il va le rendre furieux. Il faudra une lutte homérique pour triompher. Il prend sa plume, il écrit à tous les journaux qu'il met la dernière main à une comédie qui sera la solution logique de l'adultère.

Cette comédie, c'était la *Femme de Claude*.

Ici Dumas va nous prouver comment il comprend la logique.

Voici la pièce! voici ce que Dumas appelle une solution logique!

Claude, un honnête homme, un savant, épouse Césarine par amour; six mois après le mariage, il apprend par un étranger que Césarine, bien loin d'être vierge le jour de son mariage, était déjà mère d'un petit garçon. Voilà un savant bien ignorant sur certaines choses, puisqu'il ne s'est point aperçu de cela lui-même. Mais passons. Il pardonne. Sa femme, pour reconnaître ce pardon, commence une vie de prostituée. Ce n'est pas une femme adultère qu'il nous présente, mais une *fille*. Elle va à Paris, commet même le crime d'infanticide, puis elle revient chez son mari, rapportant deux cent mille francs ramassés dans un métier malpropre. Claude laisse Césarine mettre cet argent dans son coffre-fort. Elle séduit un jeune homme, un enfant presque, le fils adoptif de son mari, qui voit cela, se tait.

Un Allemand vient chez lui, il s'entend avec Césarine pour voler un papier donnant la clef d'une invention de Claude qui doit donner à la France une revanche éclatante. Alors, ce mari débonnaire perd enfin patience; il prend son fusil, guette, et au moment où la femme tend ce papier à l'Allemand, Claude la tue d'un coup de fusil; puis, tendant la main à son fils adoptif, qui allait s'enfuir avec Césarine et avec l'argent de cette vente infâme, il lui dit : *Viens, mon enfant, allons travailler!*

La solution logique de l'adultère est donc : boire le déshonneur jusqu'à la lie, ne se fâcher que si votre femme vous vole et vend la France à l'ennemi, et de tendre la main au complice! Singulière solution!

Notons que cette femme n'est point le type de l'adultère, c'est-à-dire de la femme oubliant ses serments dans les bras d'un homme aimé; c'est une prostituée et une criminelle; il appartient à la police et à la cour d'assises de la punir.

A la première représentation de cette comédie, le public, étonné, stupéfait, s'est un peu révolté ; puis, subissant le prestige du nom de Dumas, il s'est calmé.

Alors Dumas, exaspéré, s'est fâché tout rouge contre ce public si débonnaire. « Tu acceptes tout ! Eh quoi ! je ne parviens pas à te faire bondir, à te faire siffler à outrance ! Tu n'as donc pas de nerfs ? Eh bien ! tu vas voir ! »

Sous le coup de cette colère, Alexandre Dumas fils se lance dans le naturalisme moral, il cherche une âme, sale, perverse ; il la dissèque, étale complaisamment toutes ses malpropretés morales, les détaille, les met en lumière ; il crée le type de Cygnerol, il fait jouer la *Visite de noce*, pièce tout à fait révoltante.

Ce Cygnerol peut exister, mais il est à l'état d'exception. L'auteur dramatique doit, imitant Molière, fustiger des types connus, nombreux, et ne pas baser toute une comédie sur un type exceptionnel.

Dumas, montrant cet écœurant Cygnerol, s'écrie : « Voilà, mesdames, comme sont tous les hommes ! »

Fort heureusement non, monsieur Dumas,

ils ne sont point tous ainsi, sans quoi il faudrait remplir de dynamite villes et villages et détruire l'espèce humaine en bloc.

Le public, en assistant à la première représentation de la *Visite de noce*, s'est senti pris d'une sorte de dégoût; pourtant, subissant le prestige, une fois encore, de cet esprit incisif et brillant, il n'a point osé se révolter, il en est même qui ont « applaudi ».

Alors Dumas fils, exaspéré, s'est dit : « Le public est bête, se moquer de lui est tout ce que j'ai à faire. » Il a pris sa plume, il a écrit la préface de la *Visite de noce* dans laquelle, le raillant *à bouche que veux-tu*, il lui dit, avec un sérieux de sénateur, qu'il n'a écrit cette pièce libidineuse que dans le seul but de moraliser la femme!

Dire aux femmes que les hommes n'aiment que les femmes vicieuses, alors qu'il sait que le seul but de la vie de la femme, c'est d'être aimée, voilà certes un singulier moyen de la pousser à la vertu!

Dans ces derniers temps, Dumas est devenu le Zola en gants blancs ; il a cherché le réalisme non dans les assommoirs, mais dans les âmes malsaines qu'il dissèque avec un sourire railleur. Sans le vouloir, il fait une triste besogne; le mal, tout comme la peste, est contagieux.

Dernièrement, son esprit amoureux de l'*impossible* s'est donné le plaisir de se moquer encore du public. Après s'être posé en Euripide moderne, avoir appelé la femme un ange de rebut, un être illogique, un être inachevé, la guenon du pays de Jod, etc., il a écrit *les Femmes qui tuent et les Femmes qui votent*, plaidoyer en faveur de l'égalité des deux sexes.

Traits distinctifs du caractère de Dumas!

L'*impossible* pour idéal! Se moquer de la logique! Ne jamais copier la nature, mais les créations de son cerveau!

Une telle dose d'esprit qu'il est parvenu à en donner un brin aux académiciens qui l'ont nommé immortel.

A étudié le demi-monde, qu'il a peint sous un jour séduisant.

Ayant épuisé sa bienveillance pour les dames aux camélias, n'a plus eu que fiel, fouet et vinaigre pour les femmes du monde.

Nota bene. — Il a étudié la Française en vivant avec des femmes russes. Il a épousé une très grande dame russe. Avant son mariage, il a eu au cœur ou dans la tête un grand amour pour la comtesse Nesel..., une grande dame russe. Il a immortalisé cette liaison en écrivant sa *Dame aux perles*. La comtesse Nesel..., l'héroïne, va me donner le mot de la fin, mot joli et qui peint bien le genre d'esprit russe, gaulois et osé.

La comtesse était de retour à Pétersbourg; ses amours avec Dumas fils avaient fait fortement jaser à Paris, et plus encore sur les rives de la Néva. Un soir, elle était à un souper de quarante couverts. La princesse N..., une de ses bonnes amies (l'espèce en est la même sous toutes les latitudes), lui crie d'un bout de la table à l'autre :

— Eh! chère, qu'est-ce qu'il y a donc eu entre vous et Dumas?

— Eh! chère, répond la comtesse Nesel... avec un grand sang-froid, il n'y a pas eu même la plus fine des batistes.

BARBEY D'AUREVILLY

OMME l'a dit si bien M. Charles Monselet, l'homme est un livre dont Dieu tire plusieurs éditions.

Nous avons tous déjà vécu, nous vivrons tous encore un nombre incalculable de vies.

Chaque vie marque l'âme, et ce n'est que par une longue suite d'existences que les individualités remarquables se forment.

Jules Barbey d'Aurévilly, cet homme étrange, traversant notre siècle comme un revenant; cet homme hardi, qui en plein XIXe siècle a écrit ceci : « Si au lieu de brûler les écrits de Luther, dont les cendres retombent comme une semence, on avait brûlé Luther lui-même, le monde était sauvé pour un siècle au moins. » Et ailleurs, dans *les Prophètes du passé :* « Nos pères ont été sages d'égorger les huguenots, mais ils ont été bien imprudents de ne pas brûler Luther. » Cet homme qui, dans le siècle par excellence de la religion de l'indifférence, se vante d'être de la religion de l'intolérance, n'est, la chose est évidente, qu'un inquisiteur réincarné.

L'ouvrier divin doit être un coloriste et un fantaisiste aimant les contrastes violents et heurtés, et il a renvoyé cet inquisiteur au milieu de nous, sceptiques et tolérants, pour produire un effet, un contraste.

Dans Barbey d'Aurévilly, nous allons trouver, nettement dessinées, ses principales existences passées.

Voyons l'homme avant d'étudier l'écrivain.

Le portrait que je donne ici le représente tel qu'il était il y a vingt ans, et tel qu'il s'habillait chez lui et pour lui.

Aujourd'hui, tout comme un mécréant d'huguenot, il a subi des ans les cruels ravages, mais il proteste avec énergie contre ses outrages. Il porte des cheveux d'un beau noir, des dents d'une blancheur éclatante ; il use de la céruse, du carmin et du kohl. Dédaigneux des modes du jour, il se promène dans Paris avec jabot et manchettes de dentelle ; une bande de satin rose tendre ou de satin vert pomme orne la couture de son pantalon ; sa redingote, faite selon la coupe de 1830, serre une taille emprisonnée dans un corset ; son chapeau à larges bords est unique dans Paris et peut-être dans le monde entier.

Eh bien ! cet amour des dentelles, cette manie de se faire remarquer, cette science dans l'art de se faire une figure sont trois défauts féminins. Il doit par conséquent avoir été femme dans une de ses existences antérieures...

Seconde preuve : il est acerbe et malveillant pour les femmes. Nul n'ignore que la femme est de nature méchante pour la femme.

Quelle femme a-t-il été ?

Quelles sont les femmes qui ont en horreur les femmes qui arrivent, par les arts ou par la littérature, à une certaine renommée ?

Les Laïs, les vendeuses d'amour ont une haine

d'instinct pour les femmes arrivant par leur travail, pour les femmes supérieures par leur intelligence.

Les femmes écrivains font à M. Barbey d'Aurévilly le même effet que l'eau produit au chien malade de la rage. Il l'a écrit. Elles l'obsèdent, l'excèdent et l'exaspèrent... Ceci semble indiquer qu'il a été une belle impure, en Grèce ou à Rome.

Faut-il que la haine qu'il a vouée aux femmes écrivains soit féroce pour l'aveugler au point d'écrire ceci en parlant de Georges Sand :

« La presse s'est enfin montrée énergique contre ce *grand préjugé* qui a nom Georges Sand. Je l'en félicite. Elle est enfin sortie de l'orbe du jupon fascinateur que cette femme a mis, comme une cloche à cornichons, sur les pauvres têtes de notre siècle. »

Le succès obtenu par la comédie *l'Autre*, de Mme Sand, l'a mis en fureur et il a écrit ceci :

« Mme Sand a beaucoup marché depuis son âge mûr, par ces temps qui s'appellent des abîmes et qui sont des cloaques. Je l'ai connue lavant, non pas sans poésie, avec ses belles mains qui avaient encore des places pures, des assiettes à fleurs chez J.-J. Rousseau ; mais elle a quitté Rousseau pour Chaussier, et ce n'est plus à présent que les plus horribles pots du matérialisme qu'elle torchonne dans l'immoralité. »

Les belles impures, dans leurs colères jalouses, emploient parfois les gros mots de la halle. Barbey d'Aurévilly, homme du monde aujourd'hui, subit malgré lui l'influence de cette vie antérieure : il lance des gros mots ; en style *Assommoir*, il reproche à son ennemie de n'être point assez spiritualiste.

La femme faisant commerce de son sexe, d'instinct raille et déteste celle qui vit de son esprit. La haine est si violente qu'ici elle a résisté à trente siècles peut-être !...

Après avoir été Laïs, il a été inquisiteur ; le pécheur converti devient fervent jusqu'au fanatisme ; la Madeleine, saint Antoine et saint Augustin le prouvent — et il a fait torturer et brûler avec entrain. Ce spectacle lui aura procuré des émotions violentes ; il y a pris goût, si bien qu'aujourd'hui encore, il loue nos pères d'avoir égorgé les huguenots, et qu'amèrement il regrette qu'ils n'aient point brûlé Luther...

Chaque incarnation, je le répète, imprime son cachet sur la personnalité. Une seule vie est insuffisante pour former un grand écrivain; ce qu'on nomme don n'est que ressouvenance. Aristophane, avec son grand talent, mais avec son langage cynique et grossier, s'appelle aujourd'hui Émile Zola.

Euripide porte le nom de Dumas fils.

Shakespeare, pendant son séjour dans les sphères bleues, a idéalisé son immense génie, et de nos jours, il se nomme Victor Hugo.

Le jésuite Lemoine, qui écrivait, au xviie siècle, *la Sainte Couronne conquise*, et dont Pierre Castar disait : « C'est le plus galant des pédants, le plus pédant des galants, la plus féconde des imaginations, la plus fougueuse des verves, exagéré dans ses enthousiasmes, implacable dans ses haines. » Le jésuite Lemoine s'appelle, en notre xixe siècle, Jules Barbey d'Aurévilly.

Le jésuite Lemoine, malgré son réel talent d'écrivain, n'a pas été payé par la célébrité; Barbey d'Aurévilly, même de son vivant, n'a pas toute la célébrité qu'il mérite : les lettrés le connaissent et l'apprécient, la foule l'ignore.

La célébrité serait-elle libre-penseuse et détesterait-elle jésuite et ultra-catholique ?

Barbey d'Aurévilly n'est pas simplement un littérateur, c'est un écrivain de valeur; son style est excellent, concis, net; sa phrase est claire à en être lumineuse. Il connaît ce grand art de faire un tableau frappant, il est grand coloriste, il empoigne le lecteur par la forme et par la phrase, sinon par l'idée.

L'emphase et la prétention sont les écueils de ces natures-là.

Dans ses articles de critique, l'intolérant apparaît; il est souvent violent, âpre, excessif; il amoncelle adjectif sur adjectif; mais le fiel est, je crois, au bout de la plume et non dans le cœur.

L'*Ensorcelée* est une œuvre bizarre, bien digne d'un ex-jésuite; mais le style en est admirable, la phrase y est constamment harmonieuse; la fougue, savamment maintenue, ne dérange pas l'ordre parfait. C'est un livre curieux et fait de main de maître.

Ses *Prophètes du passé* sont l'œuvre d'un ligueur qui glorifie la Saint-Barthélemy, qui raille le philosophisme et la liberté, et qui dit carrément que tout individu qui apporte une idée nouvelle, la liberté de conscience, par exemple, crée un conflit, dérange l'immobilité sacrée, trouble l'ordre primordial et doit être brûlé; car, selon lui, l'Église a le droit et même le devoir d'être inflexible.

Vous le voyez, on ne saurait être davantage de la religion de l'intolérance !

L'Amour impossible est une œuvre assez inférieure.

Chose étonnante, mais réelle, le dévot, l'ardent catholique est presque toujours pornographe : en amour, il lui faut le poivre de Cayenne. Barbey d'Aurévilly est loin, oh ! très loin, d'être un auteur chaste. C'est si vrai qu'il y a quelques années, le parquet, qui a laissé *Mademoiselle Giraud* et *Nana* en liberté, a rigoureusement fait saisir un de ses volumes intitulé *les Diaboliques*.

Nécessairement j'ai lu ce livre, composé de plusieurs histoires. L'une d'elles m'a particulièrement choqué. Une femme du monde tue son enfant, fruit d'un amour adultère; elle met le petit cadavre dans un grand et beau vase de Chine qui orne son salon. Elle met de la terre dessus ce petit corps et plante ensuite un rosier. Grâce à cet engrais humain, le rosier pousse robuste et fort; bientôt les roses s'épanouissent, et cette femme respire avec une douce volupté ces fleurs!

Quelle imagination dévergondée il faut avoir pour inventer ces horreurs malsaines!

J'ai été curieuse de connaître l'idéal femme de cet ennemi endiablé des bas bleus; je l'ai trouvé dans le livre intitulé *la Vieille Maîtresse*. La Vellini, l'héroïne, est ainsi portraicturée par M. Barbey d'Aurévilly:

« Elle a des mouvements qui ressemblent aux inflexions des membres des mollusques. Son œil noir est plus épais que le bitume; ses sourcils presque baissés dansent sur ses yeux une danse formidable. »

Il la compare à la mauricaude des Riviers; il l'appelle « vieille aigle plumée par la vie, louve amaigrie et assoiffée d'amour. »

Comme virginité morale, il pose sur son front une épaisse couche de vapeur qui rappelle les miasmes d'un lac remué par une foudre éteinte.

Vellini est la femelle aux instincts grossiers de la bête, développés jusqu'au délire.

Cette femme étant son type, être le point de mire des injures de cet écrivain est une gloire.

Le *Prêtre marié* est un livre qui sent le soufre à plein nez.

M. Barbey d'Aurévilly a donc été prêtresse de Vénus en Grèce ou à Rome,

Féroce inquisiteur en Espagne,

Le père Lemoine au xviie siècle.

Aujourd'hui il est un bon écrivain, un polémiste violent, une individualité bizarre, étrange ; mais il est quelqu'un dans un siècle où chacun ressemble trop à tout le monde.

HENRI BRISSON

BIEN rarement le mari tient ce que promettait le futur.

Avant la lettre il était aimable, souriant, il n'avait aucune opinion personnelle, mais il partageait toutes les opinions de son beau-père, voire même celles de sa belle-mère ; il n'avait pas de volonté, et jurait, avec une grande apparence de bonne foi, que c'était pour lui une volupté de suivre toujours la volonté des autres.

Mais après la lettre ! quelle transformation ! Comme ce mari grincheux, intolérant dans ses opinions, prétendant faire plier sous son joug de fer sa femme, son beau-père et sa belle-mère, comme cet homme ressemble peu au futur!

Sa femme ne reconnaît plus en lui celui qui avait su faire battre son cœur, si bien qu'elle est constante au premier et souvent déteste le second.

Le futur s'étant évaporé, sa jeune femme, énervée parfois de n'aimer qu'une chimère, cherche une réalité faite à l'image et ressemblance du futur; le mari est trompé, déshonoré par son ombre; et le voilà dans le camp à la bannière jaune.

Bien rarement un député tient ce que promettait le candidat.

Avant la lettre, on en voit qui ont les idées les plus libérales du monde; ils font les yeux en coulisse à toutes les libertés, ils sont amoureux de toutes les réformes, ils promettent monts et merveilles. Mais après la lettre, alors que les électeurs, par leur vote de confiance, les ont envoyés à la Chambre : quel changement!

L'électeur abasourdi se dit : « Ce n'est pas

possible, ce gaillard qui pérore contre toutes les libertés n'est pas ce candidat qui me jurait si bien de les demander toutes ! »

Comédie, comédie, tout est comédie ici-bas ! et les meilleurs acteurs ne sont pas ceux que nous applaudissons sur les planches de nos théâtres.

M. Henri Brisson est né à Bourges en 1835 ; son père était avoué à la Cour d'appel de cette ville, où il était bien connu par sa parfaite honorabilité et par ses idées républicaines. M. Henri Brisson a donc reçu de son père la grande éducation républicaine et libérale, mais il a reçu de lui aussi ce sang latin qui est d'essence éminemment anti-libérale. Le Latin le plus radical se montre autoritaire et anti-progressiste, sur un sujet tout au moins, et sur tous il lui est impossible d'être républicain. M. H. Brisson, après avoir fait son droit à Paris, a collaboré à plusieurs revues républicaines. En 1871, il a été élu député du XIXe arrondissement de Paris ; il a siégé à l'extrême gauche et son programme a été extra-radical.

M. Brisson, futur... non, candidat... monté

sur l'estrade s'est écrié encore en 1876 : « Mon programme est celui de la république radicale, libérale et progressiste; je suis un républicain de la veille, un pur, la liberté aura toujours en moi un ardent défenseur; je voterai l'amnistie... je voterai toutes les réformes! »

Bravo! bravo! Brisson! ont crié 115,594 électeurs qui, satisfaits de ces belles promesses, l'ont envoyé à la Chambre.

Pas plus heureux que Lachâtre, de réjouissante mémoire, la liberté avait un billet, étant loin de valoir l'argent comptant.

Voici la traduction très libre d'un dialogue entre le mari et la femme... non, entre le député et un de ses électeurs :

L'ÉLECTEUR. — J'ai entendu votre profession de foi, monsieur Brisson, je sais que vous êtes un libéral, radical et anti-clérical.

M. Brisson se lève, commence un discours pour affirmer ses opinions républicaines.

— Bien, bien, mais réservez vos effets oratoires pour la Chambre: moi je viens pour vous dire ces simples mots : Aidez de votre éloquence M. Naquet, afin que nous obtenions la plus indéniable des libertés, la liberté individuelle.

M. Brisson caresse de sa main blanche et aristocratique sa belle barbe. Monsieur, je suis pour la liberté illimitée ; mais, entendons-nous : selon moi, il ne faut pas toucher à cette arche sainte qu'on nomme le mariage.

L'électeur croit avoir mal entendu.

— Vous dites, monsieur, qu'il est indispensable qu'on nous rende la liberté individuelle.

— Oui, certes, je suis pour toutes les libertés, sauf pour celle de rompre les saints nœuds du mariage.

— Serais-je à l'évêché et non à la Chambre des députés? se demande l'électeur.

— Sans le mariage indissoluble, point de famille, monsieur; sans la famille, point de société.

— Mais, sapristi, monsieur, le divorce n'a été supprimé qu'en 1816, et la famille existait avant. Elle existe en Angleterre, en Allemagne, en Pologne, en Belgique et...

— Monsieur, ces peuples peuvent, par tempérament, supporter plus de liberté que nous;

les Français abuseraient du divorce ; du reste, le mariage doit être indissoluble, il doit...

— Assez, monsieur Brisson, vous me répétez le sermon que le curé de la Trinité a fait ce matin, et vous nous aviez promis de défendre la société contre le cléricalisme !

— Croyez que je tiendrai parole.

— Alors, votez pour le divorce.

— Impossible, c'est la seule liberté que je ne reconnaisse pas.

— Mais, monsieur, je préfère avoir le droit de sauvegarder mon honneur que celui de nommer un député. Sans compter que je m'aperçois que si les candidats diffèrent, les élus...

— Monsieur, vous m'insultez.

— Non, je vous rappelle à votre programme.

Cela dit, l'électeur salue son député et s'en retourne en maugréant.

M. Brisson, l'après-midi de ce jour, monte à la tribune, et cet homme intelligent, qui avait un brillant passé derrière lui comme écrivain et orateur libéral, prononce un long discours contre la loi du divorce. Lorsque je fermais les yeux, je croyais entendre le premier vicaire de

Saint-Roch fulminant contre cette institution.

Ah! le bon billet qu'avaient les électeurs du dix-neuvième!

Mais, monsieur Brisson, il n'y a pas de république sans la consécration de la liberté individuelle et sans celle du droit au bonheur.

Vous devez trouver, comme moi, que la tache originelle est une invention assez absurde. Eh quoi! nous venons honteux et criminels en ce monde par la seule raison que Mme Ève a croqué à belles dents une jolie pomme! C'est assez burlesque, n'est-ce pas?

Mieux encore, le nouveau-né inconscient, ignorant, à l'état de paquet de chair, doit au hasard ou à une volonté étrangère son bonheur ou son malheur éternel... A-t-on le temps de l'asperger d'eau bénite et meurt-il, le ciel lui est ouvert; n'a-t-on pas le temps, ou bien un père libre penseur refuse-t-il de donner ce rhume de cerveau au nouveau-né, s'il meurt, et grâce toujours à la fameuse pomme, il ne va pas au ciel, mais aux limbes!

C'est bête, stupide; prêter cette idée au créateur de cet univers splendide, c'est l'insulter.

Le mariage indissoluble, que vous avez si énergiquement défendu, est aussi bête, aussi stupide et aussi injuste que la tache originelle. Un honnête homme croit épouser une fille douce et vertueuse; le mariage accompli, il s'aperçoit qu'il a une mégère, une harpie pour compagne... Tant pis pour lui... Il est lié à vie !

Elle devient une *fille*, elle le déshonore, traîne son nom dans le ruisseau... M. Brisson tient à l'indissolubilité, non des vœux monacaux, mais des liens du mariage... Cet homme doit se laisser déshonorer; innocent, il doit subir un long martyre...

Mais, monsieur, un peu de pitié pour les imprudents qui ont dit le *oui* fatal devant M. le maire... Vous avez voté l'amnistie pour les communards, ne traitez pas plus rigoureusement les galériens du mariage; accordez-leur amnistie à eux aussi. Veuillez réfléchir qu'il n'y a pas de république réelle sans cette liberté primordiale, l'individuelle. Veuillez aussi réfléchir un instant que l'État, dans les pays monarchiques de Russie, de Turquie, d'Angleterre, d'Allemagne, de Belgique, etc., ne se reconnaît pas le droit d'intervenir dans les mariages, et pense qu'ils regardent la famille et l'Église. A défaut de liberté républicaine, accordez-nous au moins celle dont jouissent les Russes au point de vue des mystères de l'alcôve... et déclarez que le tyran Napoléon Ier avait eu tort de réglementer même ce qu'il appelait la dette conjugale.

Je vous le dis, en vérité, vous avez perdu une belle occasion de vous taire ; votre discours contre cette liberté sacrée de faire son bonheur comme on l'entend et de défendre son honneur comme on l'entend aussi, a été un sujet de profond étonnement pour vos indifférents et de profond chagrin pour vos amis ; les cinq cent mille galériens du mariage ont fait entendre contre vous un haro qui s'est entendu d'un pôle à l'autre.

« Dans toute chose, cherchez la femme, » a dit avec raison un magistrat. Dans la question du divorce, la femme a joué encore un grand rôle ; un député célibataire me disait : « Moi, je ne voterai pas le divorce ; je ne connais pas de châtiment assez violent pour les imbéciles qui se sont mariés... Du reste, avec le divorce, plus de femme à consoler; je tiens donc à l'indissolubilité de ce bagne. »

M. Henri Brisson, lui, a une femme jolie, spirituelle et adorablement bonne... et il s'est dit : Le divorce! à quoi bon ? je suis l'homme le plus heureux du monde !

Il imite en cela cet archi-millionnaire qui se refusait à croire qu'il y avait des gens qui mouraient de faim !

Voilà comment le bonheur de M. Brisson fait le malheur de cinq cent mille personnes, et voilà comment le plus radical des Latins entend la liberté pour tous.

GAMBETTA

u ! oh ! quelle prétention !
Quelle audace ! une femme ose juger un homme politique !

C'est absurde, ridicule, grotesque... et patati et patata, et encore ceci et puis encore cela !

Avez-vous tout dit, messieurs ?

Avez-vous achevé de rire, mes seigneurs maîtres ?

Si vos railleries sont épuisées ! si vos épaules sont lasses de se hausser ! taisez-vous un instant et veuillez m'écouter dix minutes.

La politique doit être interdite à la femme,

dites-vous ; et vous ajoutez : « ce sont là affaires qui ne la regardent pas. »

Fort bien ; d'abord laissez-moi vous dire que : ce que vous appelez politique n'est qu'un tissu malpropre d'ambitions, d'intrigues et de soif de renommée... vous avez fait de la politique une bouteille à encre ; rien de mieux, alors, que de nous déconseiller d'y mettre la main : la femme doit conserver ses ongles roses.

Mais voici ce qu'est en réalité la politique réduite à sa plus simple et à sa plus vraie expression :

Dans une famille intelligente et unie, le mari et la femme ont une mission, qui est de bien gérer la fortune, de nourrir tous les membres de la famille, de veiller avec soin qu'aucun d'eux n'ait faim ni froid, de faire instruire les enfants le mieux possible, de leur faciliter une carrière suivant leur vocation et leurs aptitudes ; — ils doivent ensuite veiller à la propreté et à l'ordre intérieur ; enfin ils doivent se créer des amis et de bonnes relations, et surtout éviter de se faire des ennemis.

Voilà ce qu'ils ont à faire ; et le mari et la

femme se consultent et s'aident, pour faire toutes ces diverses mais très utiles choses. Pour les achats de propriétés et pour le placement de l'argent, souvent l'homme consulte la femme et il s'en trouve bien, la femme plus que l'homme tenant de la fourmi.

Eh bien! messieurs du sexe dit fort, pour des êtres raisonnables la politique doit se résumer à ces mêmes choses : bien administrer la fortune publique, veiller à ce qu'aucun Français ne meure de faim ni de froid, à ce que tout soit propre, à tenir la main ferme pour empêcher les fonctionnaires de voler, à faire instruire tous les enfants, à former une bonne armée, une excellente marine, à se faire des amis à l'intérieur et à éviter de se faire des ennemis, voilà tout. Comme la besogne est plus grande, la mère et le père doivent être représentés par un président, par des ministres, par une chambre; et tous ces hommes en guise de serviteurs ont des employés sous leurs ordres.

Dans tout ceci il n'y a que de l'administration en grand. Est-ce cela que vous faites? Non, vous faites de la politique de personnalités, *des en-*

gueulements, vous créez des nuances, rose, rouge, sang de bœuf, vous vous conduisez comme des enfants terribles, faisant joujou de tout et brisant le joujou dès qu'il vous lasse, et vous ne faites pas assez de bonne administration.

Pour donner pâture à des soifs malsaines, d'une chose fort simple vous faites une chose très compliquée.

La mère patrie est exploitée par vous; il faut qu'elle donne à ces assoiffés de bruit, d'honneurs, de fortune, de quoi satisfaire leurs appétits, alors qu'elle ne leur doit rien et qu'eux lui doivent leur dévouement.

Cette vilaine besogne faite, vous criez à la femme : halte là! la politique est l'arche sacrosainte, arrière! tu n'as pas le droit d'y toucher et même d'en parler!

Et... tout beau, messieurs! la fortune publique se compose de la nôtre tout comme de la vôtre ; la France est notre mère patrie aussi; les enfants que vous envoyez de droite et de gauche se faire tuer sont la chair de notre chair, le sang de notre sang... S'ils ne vous ont coûté à procréer qu'une minute de bonheur, ils nous ont coûté à nous bien des larmes et des souffrances ; la politique telle qu'elle devrait être comprise, c'est-à-dire la bonne administration, nous regarde autant que vous !

Mais, direz-vous, les femmes n'auront ni assez d'intelligence ni assez de sagesse pour faire de la bonne politique. — Permettez, j'affirme qu'il serait impossible de faire plus mal que vous autres, et faire mieux serait vraiment aisé !

Que j'en aurais long à écrire, si je voulais vous dire toutes les vérités, être barbus, nos maîtres !

Aujourd'hui, et à propos de Gambetta, je vous dirai seulement quelques mots bien sentis sur votre folle et absurde idolatrie.

Vous êtes voltairiens, pire encore ; avec un orgueil grotesque, vous ne voulez être qu'un produit de protoplasma, vous êtes matérialistes, et cette pensée de n'être rien de plus qu'une limace vous enfle de vanité ; il n'y a pas de quoi pourtant ! Vous ne voulez plus de Dieu ; l'âme immortelle vous importune, vous la niez, vous appelez ceci du progrès ; et ensuite, rétrogradant de milliers d'années, vous devenez quoi ? de simples idolâtres.

Idolâtres les fanatiques de l'idole Napoléon 1ᵉʳ.

Idolâtres les partisans de Napoléon III ; ces idolâtres ci, tout comme les nègres du royaume de Dahomey, criaient d'autant plus fort : « vive l'Empereur ! » que cet homme-idole faisait couler plus de sang humain.

Les Indous aussi aiment les idoles sanguinaires !

Des idolâtres les ex-fanatiques du petit grand homme Thiers !

Idolâtres les ex-partisans de Rochefort.

Idolâtres toutes les centaines de mille hommes qui ont acclamé Léon Gambetta.

Idolâtres encore les Bellevillois qui l'ont hué, car le caractère distinctif de l'idolâtre, c'est d'aimer à briser la statue, lorsqu'il a renié son ancienne foi.

Cette manie a un grand inconvénient encore, celui de perdre nos hommes de valeur. Tel homme de réelle capacité et de grande intelligence, n'étant après tout qu'un homme, n'est point assez fort pour résister à la pernicieuse influence des adorations et de l'encens qu'on lui jette au nez; ses idées se troublent; il se croit un être surhumain et infaillible. N'oubliez pas que l'encens du clergé catholique a troublé à tel point les idées de Pie IX, qu'il s'est un beau jour déclaré infaillible tout comme Dieu!

Un homme transformé en idole est un homme à la mer, sauf bien rares exceptions.

Il a fallu que Léon Gambetta eût une énorme dose d'esprit pour rester ce qu'il est encore, malgré les cris de : vive Gambetta! tout par Gambetta! tout pour Gambetta! Gambetta *for ever!* pour que la tête ne lui ait tourné malgré les idolâtres qui ont dit, écrit, qu'il était le seul homme de France, que lui seul pouvait sauver la France, que lui seul avait les aptitudes diverses et générales pour bien conduire le char de l'État!

A s'entendre répéter toujours cela on peut avoir le malheur de le croire; et alors les fumées de l'orgueil vous troublent les idées, et l'on ne fait plus que des sottises.

Il y a des hommes utiles; il n'y a pas d'hommes indispensables ; les adorateurs de l'idole Thiers peuvent s'en apercevoir !

Mais faire croire à un homme qu'il est le seul homme capable de tout un pays, c'est s'exposer à amoindrir sa valeur, en la troublant par les fumées de l'encens.

Cessez, messieurs, de nous créer des idoles, mais soyez constants dans le respect sympathique que vous devez aux hommes de valeur que la Providence vous envoie. Aidez-les à bien conduire le char de l'État. Cessez donc d'injurier Léon Gambetta.

Voilà, hommes, mes seigneurs et maîtres, ce que j'avais à vous dire.

Pour moi, qui n'ai jamais fait une idole de Léon Gambetta, je le retrouve aujourd'hui ce qu'il était en 1869, un grand orateur, un esprit profond, une nature fougueuse et très énergique, un grand patriote. J'avoue même que je l'apprécie plus à présent qu'alors ; car il a eu le bon goût de se débarrasser de ses allures un peu trop sans façon, il a perdu son ton bohème, il est devenu comme il faut et tout à fait sérieux. Et enfin, en 1869, on ne savait pas au juste ce qu'il donnerait, tandis qu'aujourd'hui il a un passé qui devrait lui valoir la reconnaissance de tous les Français qui le huent.

Il a eu le courage, plus grand qu'on ne pourrait le croire, de monter en ballon le 9 octobre 1870, et de traverser les lignes prussiennes; si le ballon dégonflé fût tombé au milieu des Prussiens, il aurait été bel et bien fusillé; ce courage à froid lui vaut mon estime.

Ce qui a beaucoup contribué à la célébrité de Gambetta, ce qui lui donne un grand ascendant sur les masses, et même sur les membres du Corps législatif, c'est sa voix vibrante et harmonieuse; enrouée, il perd de sa puissance; s'il avait une extinction de voix de longue durée, ce serait un homme fini, car la plume à la main il est loin d'exercer le même pouvoir : il est orateur, rien qu'orateur. Facilité d'élocution, organe chaud, puissant et persuasif, voilà les vrais dons que la nature lui a faits.

Son passé se compose de sa plaidoirie du procès Baudin, si saisissante, si éloquente, et d'une telle élévation de pensée, qu'elle est encore dans la mémoire de tous; de son fameux discours contre le plébiscite, qui fut bruyant comme une sonnerie de clairons, meurtrier comme une décharge d'artillerie. Qu'on dise après cela que la parole n'est pas une puissance ! Deux discours ! et la France affolée met entre les mains de cet homme ses destinées ! C'est, crient des millions d'hommes, le seul homme que nous ayons !

Les Américains disent : « Des faits, pas de paroles. » Les Français, sous le charme d'une chaude et vibrante parole, ne songent pas à demander des actes ; ils renversent des gouvernements, versent leur sang, non pas pour obtenir de bonnes lois, fort peu pour obtenir la liberté, mais seulement pour renverser une idole au profit d'une autre idole !

Et les hommes se disent sérieux !...

Tout en reconnaissant la valeur de Gambetta, tout en blâmant énergiquement ceux qui l'injurient et qui ne l'injurient que pour prendre sa position d'idole, je dois constater qu'à l'actif de Gambetta il y a jusqu'à présent beaucoup de grands et beaux discours, mais pas assez de faits. Et un peu Américaine, il me prend des envies folles de lui crier : « Des faits, des lois, des réformes et moins de paroles !...

Napoléon III se taisait ; ses partisans disaient : « Que d'esprit, que d'intelligence cache son silence ! »

Un beau jour on s'est aperçu que sa seule intelligence consistait à savoir se taire !

Léon Gambetta ne veut pas du pouvoir, il se réserve, dit-on, et en attendant d'agir il parle ; et parfois cette réserve me fait penser au silence de Napoléon III.

Et si un jour il ne donne pas tout ce qu'on était en droit d'attendre d'un homme de sa valeur, la faute en sera à ceux qui se sont faits ses idolâtres et qui ensuite l'ont injurié. Il n'est pas un homme que des procédés pareils n'arrivent à amoindrir.

Chose curieuse, alors que Thiers, Guizot, Jules Favre et tous les hommes politiques ont été des écrivains qui ont fixé sur le papier leurs pensées et leurs théories, Gambetta n'a pas encore écrit ses œuvres ; les écrits restent, les paroles s'envolent, si bien que pour nos petits enfants il ne sera plus qu'un homme légendaire.

Il sort de la petite bourgeoisie; sa personne n'est pas aristocratique, sa tête est belle, d'une beauté énergique, mais vulgaire; son geste, et même parfois ses intonations sont communs. Et pourtant il a en lui certains instincts de grand seigneur; il aime à se trouver avec les souverains; et, s'il m'est permis de donner un léger coup de marteau au mur de le vie privée, les femmes qui le charment, qui le séduisent et aux pieds de qui le lion populaire aime à se rouler, ce ne sont point *les fortes femmes aux puissantes mamelles*, mais bien les belles comtesses et les nobles marquises du noble faubourg Saint-Germain. La loi des contrastes séduisant sans doute blonde comtesse et brune marquise, elles aiment le lion populaire, à moins qu'en lui la célébrité et le pouvoir les charment seuls! Pour moi, Léon Gambetta est à l'état d'éclair annonçant le tonnerre, à l'état d'espérance. J'attends la réalisation, s'il peut doter la France de vraies institutions républicaines; que, se taisant un instant, il fasse un code, une constitution; et que cette œuvre faite, il se serve de la puissance que lui donne son organe et son talent d'orateur pour les faire voter.

Sans quoi je lui dirai : *Gambetta! on désespère alors qu'on espère toujours.*

N'est-ce pas curieux que lui, qui a fait ce mot *irréconciliable,* ait, à présent, tous les irréconciliables contre lui?

En ceci encore, il subit le sort de l'idole : adorée ou maudite, tel est son lot.

HENRI ROCHEFORT

Henri de Rochefort, pour ne lui donner que le nom qu'il a rendu célèbre dans le monde entier, est un des hommes les plus curieux que je connaisse, et voici pourquoi : il y a en lui deux personnalités distinctes, dissemblables, et chacune bien accentuée. Le Rochefort, vaudevilliste, est un auteur ayant une verve endiablée, dont l'éclat de rire et la raillerie spirituelle font les frais; il a le mot drôle, il trouve la note comique, il rappelle Regnard, l'auteur des *Folies amoureuses*, du *Célibataire* et du *Joueur*. Rochefort, dans la vie privée, est un bon et charmant garçon, excellent camarade, ami dévoué ; simple sans la moindre pose, son caractère est facile. Aucun de ses nombreux duels n'a eu pour cause une raison autre que la politique. Il a l'air heureux de vivre, il semble appartenir à cette classe privilégiée qui voit la vie en rose.

Mais, en politique, quel changement ! quelle transformation ! Ce n'est plus le même homme, il ne rappelle plus Regnard, c'est Danton avec ses emportements et sa violence.

Rochefort, homme politique, ne laisse pas soupçonner le Rochefort de la vie privée, et le Rochefort de la vie privée ne laisse nullement pressentir le Rochefort de la vie politique... A quoi ceci tient-il? Pourquoi ces deux personnalités si marquées et si différentes réunies dans le même corps !

Je vous dirai tantôt l'explication logique que nous fournit à ce sujet la science spirite; avant, je dois vous rappeler quelques détails biographiques.

Rochefort est né en 1830 ; il a donc passé la cinquantaine, et pourtant c'est un jeune, il a ce privilége, accordé à quelques-uns, de rester jeune d'esprit, de visage et de tournure... A quelques fils d'argent près dissimulés dans sa chevelure, je le revois tel que je l'ai connu en 1863. Il possède la tête la plus étonnante que j'aie vue... Sa figure frappe le regard, elle le retient ; son œil, enfoui dans l'orbite, a un éclat singulier ; son front bombé a un développement excessif, ses cheveux frisottants se tiennent droits sur la tête... il ressemble absolument au type qu'on prête en imagination à messire Lucifer, et d'autant plus que ses lèvres minces ont un sourire sardonique et qu'il porte la barbiche en pointe de bouc ; mais de ceci n'allez pas conclure qu'il soit laid, point du tout ; si Lucifer était laid, il n'aurait pas la puissance qu'on lui accorde.

Son père, le marquis Claude-Louis de Rochefort-Luçay, a été un vaudevilliste aussi fécond que spirituel ; il était légitimiste, mais sa femme était républicaine ; Rochefort a pris à son père l'esprit et à sa mère les idées progressistes et libérales.

Chose digne de remarque, tous les nobles qui passent au camp républicain mettent cette même énergie farouche à combattre en faveur du progrès, que M. Veuillot et les siens en mettent à combattre ce même progrès. Dans leurs écrits, comme dans leurs paroles, ces nobles gagnés aux idées libérales sont bien plus violents que le républicain sortant d'une famille ouvrière ou bourgeoise.

Rochefort appartient à la catégorie des grands travailleurs, à ces hommes qui luttent, qui produisent fiévreusement et à toute vapeur. Son œuvre est considérable ; il a travaillé à la deuxième édition du *Dictionnaire de la conversation*, il a écrit des articles pleins d'esprit et d'humour dans le *Charivari*, dans le *Nain jaune* de Scholl. Il a été au *Figaro* à raison de trente mille francs par an. C'était l'apogée du *Figaro*, alors, et quels articles étincelants de verve et de fantaisie que ceux que Rochefort y écrivait !

Malgré ce labeur d'un article quotidien, il a fait, pendant cette période, un grand nombre de comédies, de vaudevilles et d'opérettes. Qui ne se souvient du *Petit cousin*, opérette en un acte, et du *Monsieur bien mis*, qui n'est qu'un joyeux éclat de rire de la première ligne à la dernière, et la *Vieillesse de Brindisi?* et *Une martingale* et les *Bienfaits de Champavert;* la liste serait longue encore si je voulais citer toutes les charmantes œuvres théâtrales d'Henri de Rochefort... Bien souvent je me disais, à cette époque et en les écoutant, que sans nul doute Jean-François Regnard, après avoir été dans son incarnation du XVIIe siècle un des écrivains les plus fidèles au culte de la gaieté française, après s'être donné au théâtre comme on se donne au plaisir, redevenu esprit, avait été pris là-haut de la nostalgie du vaudeville et qu'il était venu s'incarner sur la terre, choisissant pour père humain, affaire d'attraction, un excellent vaudevilliste.

Le Rochefort d'alors faisait peu prévoir le Rochefort d'aujourd'hui!

Qui est-ce qui a bien pu produire cette transformation? Les uns disent la haine de l'Empire, les autres disent ceci, les autres cela... moi, j'ai une idée, je vous la soumets, prenez-la sérieusement ou en souriant, comme il vous plaira... et croyez que si même vous l'accueillez par un haussement d'épaules, ceci ne me fâchera pas.

Danton, le célèbre tribun, qui possédait, comme on le sait, une énergie prodigieuse, une grande intelligence, une ardente imagination, et qui avait, lui aussi, dans son visage quelque chose de diabolique, Danton, après avoir su prendre un grand empire sur le peuple, après avoir été tour à tour substitut du procureur de la Commune de Paris, fondateur du club des Cordeliers, après avoir été ministre de la justice, après avoir siégé à la Convention, fut un beau jour arrêté par les ordres de Robespierre et fut condamné à monter sur l'échafaud, sans avoir pu même se défendre, et pourtant, lui, s'était montré bien des fois grand et généreux avec ses rivaux.

Danton, cessant sa vie humaine brutalement sous l'effet de l'inique couperet de la guillotine, est entré dans la vie des esprits, l'âme affolée de haine envers Robespierre et envers ses ennemis politiques ; son esprit est resté dans la sphère la plus rapprochée de notre planète ; il aurait voulu s'incarner pour entrer encore dans la lutte, — sans doute l'autorisation lui aura été refusée, — mais l'esprit désincarné peut s'attacher à un humain, le guider, le pousser, lui inspirer ses propres sentiments et le faire agir à sa guise; c'est ce que nous appelons une possession. Danton a vu Rochefort... il l'a choisi, attiré par son esprit, peut-être aussi par ce rictus qui lui rappelait son dernier masque humain... et il a pris possession de lui... lui soufflant ses terribles colères, ses emportements et ses haines; dès ce moment, les deux personnalités sont devenues très distinctes en Rochefort: l'ancienne, rieuse, spirituelle, bonne enfant, et la deuxième, heurtée, accentuée, violente. Lorsque l'esprit de Danton le quitte, il devient Regnard; dès que l'esprit du tribun le reprend en maître, transformation à vue d'œil!... Voilà un Rochefort tout autre.

Robespierre, arrivé dans les sphères des désincarnés, aura compris les torts qu'il avait eus, et, pour les expier, il aura obtenu de venir se réincarner en France, afin de pouvoir guider plus sagement l'édification de la République et assurer le triomphe des idées libérales; il s'appelle aujourd'hui Gambetta... Danton, esprit, le voit, le reconnaît, et il souffle à Rochefort une haine farouche contre son cruel adversaire, qu'il raille, insulte et qu'il écraserait volontiers, s'il le pouvait.

La croyance en la réincarnation est logique, et elle explique bien des choses.

AUGUSTE VACQUERIE

Le rédacteur en chef du *Rappel* est une de nos grandes personnalités parisiennes ; il est journaliste, auteur dramatique et poète.

Comme journaliste, il est de cette grande école qui considérait le journalisme comme une sorte de sacerdoce.

Les hommes de cette école, avant de prendre la plume, s'adonnaient à des études sérieuses, comprenant que le journaliste, devant parler de tout, doit tout savoir.

Ils apprenaient à écrire correctement, élégamment et purement la langue française.

Une fois entrés dans l'arène, ils ne faisaient pas du métier, mais ils s'efforçaient de remplir dignement leur mission, qui est d'éclairer et de conseiller les masses.

Ils enchâssaient leurs idées dans un style pur, élégant, correct; chacun de leurs articles était une œuvre de valeur littéraire.

Ils sont rares, aujourd'hui, les disciples de cette grande école !

On se fait journaliste comme on se ferait marchand d'orviétan; la politique, l'insulte et le scandale sont les marchandises dont on se sert pour remplir la caisse du journal.

Boniments politiques, insultes, scandales, sont écrits en français d'Auvergnat; mais qu'importe, le public imbécile achète... on est marchand et non professeur !

Auguste Vacquerie est resté fidèle à la vieille école; le *Rappel* est un des trois journaux les mieux écrits de Paris. Tous les articles de son rédacteur en chef, tout en contenant des idées justes, humanitaires et honnêtes, sont écrits en style d'une correction académique : charme en plus, lourdeur en moins.

Auguste Vacquerie manie dextrement l'ironie ; il est parfois violent, mais il ne descend jamais à l'insulte vulgaire ni à la calomnie basse. Il sait conserver l'art et la dignité du grand journalisme.

Tout jeune, il a écrit des articles de critique dans le *Globe* et dans l'*Époque;* il a été un des fondateurs de l'*Evénement Ier*, et, en 1869, il a fondé le *Rappel* avec Charles et François Hugo et Paul Meurice. Il a su maintenir ce journal au premier rang de nos grands journaux politiques, tout en ne tombant pas dans ce ton pédant et doctoral si parfaitement ennuyeux.

Sa comédie *Jean Baudry*, jouée pour la première fois au Français en 1863, est une œuvre de réelle valeur ; les sentiments exprimés sont nobles, les situations émouvantes, et le style a une élégance qui charme l'oreille.

Le *Fils*, qui a été joué aussi à la Comédie-Française, en 1866, possède les mêmes qualités.

Les *Funérailles de l'honneur*, drame en sept actes, qui ont été jouées, en 1862, à la Porte-Saint-Martin, contiennent des idées très élevées et des situations fort dramatiques. Ce jeune Don Jorge est un superbe caractère, il revient couvert de gloire du camp ; il apprend soudain que sa mère est la maîtresse du roi ; alors il va dans un couvent, creuse une tombe, convoque le public et aussi ceux qui l'ont déshonoré, et lorsqu'on lui demande qui l'on va enterrer, il répond avec une fierté farouche :

« J'estime mon âme autant que mon corps ; mon honneur était ma vraie vie. Donc le cloître est tendu de noir et les cierges se sont allumés par milliers et les cloches ont sangloté. Ce spectacle aura été donné une fois d'un homme qui regarde la honte comme la mort et qui fait des funérailles à son honneur. »

Mais le public parisien est en général gâté par des spectacles dont l'honneur n'est pas le héros, et le drame d'Auguste Vacquerie n'eut pas le beau succès qu'il méritait. C'est à regretter pour le public plus que pour l'auteur.

Tragaldabas, mélodrame joué à la Porte-Saint-Martin, n'a obtenu qu'un demi-succès ; il est écrit en fort beaux vers, et le public de la Porte-Saint-Martin n'est point encore préparé à comprendre et à apprécier une pièce en vers.

Ce mélodrame, un peu oublié, débute par une charmante chanson ; je ne puis résister au plaisir de la rappeler ; elle montre bien, du reste, le côté léger et gracieux de Vacquerie, poète :

« Le plongeur sur qui la vague déferle
M'a crié du fond des gouffres grondants :
« Contre Maria, veux-tu cette perle! »
— « Merci, fils, j'en ai trente-deux : ses dents. »

Hier, la nuit brodait de soleils ses voiles.
Le roi des gypsis, me montrant les cieux,
M'a dit : « Je la veux! choisis deux étoiles! »
J'ai dit : « J'ai les deux plus belles : ses yeux. »

Elle émeut la brute, et l'herbe et la pierre.
Le portier du ciel m'a dit : « A mon tour?
Prends le Paradis! » J'ai dit à saint Pierre :
« J'ai le Paradis, puisque j'ai l'amour! »

— « Tu fais bien! son ciel n'est guère enviable! »
M'a dit un seigneur parlant d'un ton doux;
Prends plutôt l'enfer! J'ai dit : « Merci, diable;
J'ai l'enfer aussi, car je suis jaloux! »

La comédie de *Souvent homme varie*, **jouée au Français, est remplie de finesse et de spirituelle raillerie.**

Dans le *Drame de la grève*, Auguste Vacquerie

a fait preuve d'un souffle puissant et d'une émotion réelle, de celle qui vient du cœur.

Comme écrivain, il a publié un livre tout à fait remarquable, intitulé : les *Miettes de l'histoire*.

Avec Paul Meurice, il a fait une excellente traduction de l'*Antigone* de Sophocle.

Remarquons, en passant, que ceux qui se disent hautement catholiques et conservateurs font souvent des œuvres pornographiques ou immorales ; Vacquerie, fervent républicain, est, par contre, spiritualiste moral ; les sentiments qu'il exprime sont élevés et nobles.

L'œuvre d'Auguste Vacquerie est si complète, embrassant journalisme, théâtre, poésie, philosophie, histoire, qu'il faudrait cent pages pour en donner une idée juste et pour l'apprécier comme elle le mérite. Ici, dans cette esquisse-ébauche, je suis limitée à une centaine de lignes ; je n'ai pu que rappeler quelques-uns des ouvrages de cet auteur. Mais il est un de ses livres que j'aime par-dessus tout, c'est *Profils et Grimaces ;* l'auteur y cause avec un charme infini de mille choses : art, théâtre, questions du jour, études sur Pascal, sur Don Quichotte, sur l'Institut, sur les femmes, sur les roses, sur les belles-lettres, sur les tragédies et sur bien des choses encore. Sans prendre un ton doctoral, restant spirituel et railleur de bonne compagnie, il émet des pensées élevées, il donne des aperçus nouveaux. On peut dire que dans ce livre il ouvre à deux battants la porte de son âme, et il nous laisse voir une âme belle, lumineuse, aimant l'humanité, aimant l'universalité. Son cœur, comme celui de certains intransigeants, n'est point desséché par la haine et par une ambition inassouvie. On connaît admirablement bien Vacquerie après avoir lu ce livre, et, le connaissant bien, on est pris d'une haute estime et d'une grande sympathie pour lui.

D'abord il est spiritualiste, il ne proclame pas l'infériorité de la femme ; il l'aime, la respecte, lui reconnaît des droits. Il aime les animaux, il ne leur refuse pas une âme. Il n'est pas de ces faux savants disant : *Ceci est, ceci ne peut être;* parlant des esprits, il écrit ceci : « Je ne les crois pas impossibles, je n'ai pas le mètre avec lequel on mesure le possible. Je rougis de mon ignorance, mais je ne connais pas la fin de l'infini. »

Plus loin, il ajoute : « Les pythagoriciens, dit Apulée, étaient étonnés toutes les fois que quelqu'un prétendait n'avoir jamais vu d'esprits. »

Sa conclusion à ce chapitre est si belle que je ne puis résister au désir de la citer; elle donne une sévère leçon aux esprits étroits qui veulent limiter l'infini à leur *étroitesse*.

« Élargissons la famille humaine ! Nous nous trouvons bien vastes parce que notre humanité ne renie plus les parias, comme l'Inde; les barbares, comme la Grèce; les esclaves, comme la Rome des empereurs; les hérétiques, comme la Rome des papes; parce que nous ne disons plus comme l'Agora : le droit des Athéniens; ni comme le Forum : le privilège du citoyen; ni comme le Vatican : le paradis des catholiques : — mais, comme la tribune de la Convention : les droits de l'homme.

« Nous n'avons pas tout fait pourtant. La famille n'est pas complète. Nous sommes en train de reconnaître le prolétaire, la femme, l'enfant, le nègre ; mais, quand nous leur aurons restitué leur part d'héritage, il restera encore des déshérités. Moi, ma famille, c'est tout! Les hommes d'abord, — et puis les animaux, les plantes, les métaux, et puis les morts. Tout le monde et tous les mondes.

« J'ouvre mes bras de toute leur étendue, et je voudrais serrer l'immensité sur mon cœur. »

Tout Vacquerie est là. Un amour immense pour tout ce qui est, ce qui respire, ce qui souffre. Un amour de justice illimité, une vue large, embrassant l'infini, et pas un atome de fiel dans le cœur.

Voilà comme je comprends le républicain.

Mais combien peu le sont de cette façon-là!

Avec quelle verve indignée il combat cette erreur stupide, qui veut que Molière ait voulu interdire aux femmes les choses de l'esprit; écoutez-le :

« N'applaudissons pas de contresens, comme le public qui croit que le tort de Philaminte est d'être savante. Ah! les femmes ne se contentent pas de raccommoder les chaussettes de leurs maris! Ah! elles lisent! Ah! elles écrivent!

ces monstres! Pas de pitié pour ces femmes qui se permettent d'avoir une bibliothèque et une lunette, pour ces misérables femmes qui osent aimer les vers et les étoiles!

« Et toutes les fois qu'une femme se dit qu'elle est une intelligence, et qu'une intelligence n'a pas peut-être pour unique fonction au monde d'arranger des chiffons et de danser au bal; toutes les fois qu'une femme veut aller plus haut, toutes les fois qu'une femme frappe à une de ces portes de l'idéal, philosophie, science ou littérature, on lui lance au talon l'aboiement de Chrysale. On permet aux femmes tout ce qui est matériel, on leur passe la musique, la peinture, la statuaire; mais la pensée, halte-là! l'archet, le pinceau, le ciseau, c'est posé à terre, elles peuvent y toucher; mais la plume, ça vole trop haut pour leurs petites mains. De par Chrysale, défense aux femmes de penser et d'écrire. Après Mme de Sévigné, après Mme de Staël, après Mme de Girardin, après Mme Sand? Et Molière, dont on fait le complice de ce préjugé brutal, en pleure dans les astres et ne se console pas de ce chef-d'œuvre.

« La faute de Philaminte n'est pas d'être savante étant femme, c'est de n'être que savante ; c'est de n'être ni maîtresse de maison, ni mère, ni épouse, ni femme ; un homme qui ne serait que savant, et qui négligerait comme elle sa maison et ses enfants, ne serait pas moins ridicule, ni moins coupable. Molière aurait pu retourner sa pièce et prendre un homme pour représenter les inconvénients de l'intelligence abstraite et de l'étude aveugle. Balzac l'a fait dans la *Recherche de l'absolu*, qui est la contrepartie tragique des *Femmes savantes*, et Balthazar Cloës, engloutissant quatre millions dans son laboratoire, violant sa fille, tuant sa femme, est autrement funeste que Philaminte préférant son observatoire à sa cuisine et s'exagérant la poésie de Trissotin.

« Philaminte ainsi comprise, que Molière fasse d'elle ce qu'il voudra. Du moment que ce n'est pas le souci des astres qu'il frappe, mais l'oubli de la terre, il ne frappera jamais assez fort. »

Voilà ce que j'aurais voulu exprimer dans mon article des *Bas-Bleus ;* j'ai cité les lignes de

Vacquerie, car je n'aurais jamais su dire aussi bien que lui ce que je pense comme lui.

Les femmes qui écrivent se disant qu'elles ont ce droit, puisqu'elles pensent, de donner un corps à leurs pensées, et que, puisqu'elles ont une intelligence, elles peuvent s'occuper de choses intellectuelles, ont donc pour elles des hommes tels que Victor Hugo, que Vacquerie. Ceci, en vérité, doit les consoler des plates insultes qu'écrivent contre elles quelques écrivailleurs par métier.

Auguste Vacquerie est frère de Charles Vacquerie, qui épousa Léopoldine Hugo, l'adorable et adorée fille de notre grand poète. On le sait, Charles Vacquerie, se voyant impuissant à disputer aux flots son épouse bien-aimée, se noya pour être uni à elle une fois encore par la mort, trait qui peint bien la nature et le cœur de cet homme.

Pourquoi Auguste Vacquerie n'est-il pas de l'Académie?

Peut-être parce qu'il a assez conscience de sa valeur pour ne pas vouloir être assis au même rang qu'Émile Ollivier!

Peut-être parce que cette Académie, qui n'a pas reçu Théophile Gautier, qui a fait attendre fort longtemps à la porte Jules Janin, pense que la gloire d'Émile Ollivier suffit à sa gloire !

Peut-être simplement parce que Vacquerie, qui est fort modeste, n'a jamais songé à s'y présenter.

N'oublions pas que les nullités qui ont un fauteuil ont dû faire la demande de ce fauteuil : ceci nous prouve que, si leur talent est médiocre, en retour leur orgueil est colossal.

CHARLES MONSELET

CHARLES MONSELET est un des trop rares survivants de la grande école littéraire qui voulait que ceux sacrés par la Muse seuls prissent la plume, et qu'ils se préparassent à la carrière littéraire par des études sérieuses.

Il est de cette école pensant : qu'une des conditions indispensables pour devenir écrivain, c'est de connaître à fond les règles de notre langue, si belle, mais si hérissée de difficultés.

A cette grande école en a succédé une autre, qui a changé tout cela. Ses disciples disent : « Savoir écrire ! à quoi bon ! l'auvergnat, mélangé à la langue verte..., est de vente, le gros public étant plutôt auvergnat que puriste, et n'en sachant pas plus que nous ! »

L'école à laquelle appartient Charles Monselet écrivait pour la gloire ; celle qui lui a succédé écrit pour gagner de l'argent ; elle exploite les curiosités malsaines, fait du scandale : le vice et le scandale payent bien, les nouveaux roulent carrosse, et ces faiseurs habiles regardent du haut de leur insuffisance les réels écrivains.

Mais de ce que je constate que Charles Monselet appartient à l'ancienne école, n'allez pas conclure qu'il soit vieux. Lui, vieux ! allons donc ! Il a vingt ans depuis trente ans, voilà tout.

Son cœur a vingt ans.

Son esprit a la candeur de ce bel âge.

Son caractère a la gaieté insouciante du jeune homme.

Son estomac est excellent.

Monselet est aussi jeune, que dis-je ! plus jeune que ses fils.

Ce qui distingue le talent de Monselet, c'est l'absence de défaillance ; il est toujours lui, c'est-à-dire écrivain correct, diseur spirituel et plein de brio, et cela aussi bien dans ses chroniques que dans ses ouvrages de longue haleine.

Son talent d'écrivain est complet : il est bon poète, romancier fécond et bon journaliste.

De lui on peut dire : « Le style, c'est l'homme. » En lisant ses articles ou ses ouvrages, on sent naître en soi une grande sympathie pour l'auteur ; et si la chance vous accorde la bonne fortune de faire sa connaissance, on retrouve l'homme aussi sympathique que l'auteur.

Avoir du talent lui paraît chose si naturelle qu'il n'a aucune pose, pas un atome de vanité ; il est bienveillant à tous, son sourire est franc et gai, ses petits yeux sont vifs, pétillants d'esprit ; sourire et regard éclairent sa figure sympathique.

Je ne crois pas qu'il soit possible qu'il ait un seul ennemi ; et je crois pouvoir assurer que la haine lui est inconnue.

Il a deux fils, écrivains de talent aussi ; Dieu sait s'il les aime et s'il est papa gâteau !

Un jour, on lui reprochait devant moi de gâter par trop ses fils :

— Eh! que voulez-vous, répondit-il, comme

je ne suis pas sûr de vivre aussi longtemps qu'eux, il faut bien que je me dépêche de les aimer et de le leur prouver.

Ceci peint bien Charles Monselet.

Mais il a un gros défaut... si j'étais dévote je dirais un vice, car ce défaut, selon l'Église catholique, est un gros péché mortel : il est gourmand, mais gourmand comme défunt Grimod de la Reynière, le grand gastronome, auteur de l'*Almanach des gourmands* et du *Manuel des Amphitryons*.

Aussi Monselet a-t-il consacré un sonnet à chacun de ses mets favoris.

Voyez avec quel amour il chante les cèpes :

> Dans son œuvre aux grosses couleurs,
> Paul de Kock dit : « Vive les crêpes ! »
> De son côté, l'auteur des *Guêpes*,
> Dit : « Vivent la mer et les fleurs ! »
>
> J'ai mes goûts, comme ils ont les leurs ;
> Je franchirais forêts et steppes
> Pour savourer un plat de cèpes,
> Mais de Bordeaux et non d'ailleurs.
>
> Vivent les cèpes, ma narine
> Croit les sentir dans la bassine
> Pleine d'huile et d'ail haché fin.

O saveur ! ô douceur ! ô joies !
De la terre ce sont les foies,
Et par eux renaît toute faim !

Son fameux sonnet *Au cochon* est connu de la terre entière ; mais il est si joli, si original et si vrai ; et c'est enfin, c'est une œuvre de grande justice ; de cette pauvre bête on dévore tout, en rôti ou en sauce, et puis pour tout merci on lui dit : « Fi ! la sale bête ! » Donc, pour toutes ces raisons, je le reproduis ici :

Car tout est bon en toi : chair, graisse, muscle, tripe !
On t'aime galantine, on t'adore boudin.
Ton pied dont une sainte a consacré le type,
Empruntant son arome au sol périgourdin,

Eût réconcilié Socrate avec Xantippe.
Ton filet qu'embellit le cornichon badin,
Forme le déjeuner de l'humble citadin,
Et tu passes avant l'oie du frère Philippe.

Mérites précieux et de tous reconnus !
Morceaux marqués d'avance, innombrables, charnus !
Philosophe indolent qui mange et que l'on mange !

Comme, dans notre orgueil, nous sommes bien venus
A vouloir, n'est-ce pas, te reprocher ta fange ?
Adorable cochon ! animal roi ! — Cher ange !

Après ces sonnets naturalistes, Charles Monselet chante avec non moins de talent l'amour pur, les charmes de la nature, et il adresse un délicieux sonnet à Cliante. J'ai relu vingt fois, et toujours avec un égal plaisir, le beau volume dans lequel l'éditeur Dentu a réuni toutes les poésies de Charles Monselet, sous le titre de *Poésies complètes.*

Rien n'est généralement fatigant à lire comme un volume de poésies; mais celui-ci, par sa verve, son originalité, sa bonne humeur, et enfin par la diversité des sujets, offre au contraire une lecture attractive : on le lit sans désemparer, puis le lendemain on le relit encore.

Ce livre est le portrait du *moi* de Monselet, tout comme l'eau-forte qui est en tête du livre est le portrait de son visage.

De ce que le chroniqueur de l'*Événement* est gourmand comme feu Grimod de la Reynière, de ce qu'il a fait des sonnets naturalistes, on aurait tort de conclure qu'il est matérialiste.

Non, Charles Monselet a l'âme aussi voyante qu'il a l'esprit brillant; il est spiritualiste, il croit comme nous a la réincarnation. C'est lui qui a dit ce mot profond et vrai : « L'âme est comme un livre que Dieu tire à plusieurs éditions. »

Sans nul doute, il a vécu déjà de nombreuses vies ; c'est à Rome où il aura appris le grand art de la gourmandise.

ÉDOUARD DENTU

Voici une personnalité bien parisienne, bien littéraire et très sympathique.

Le nom de Dentu, depuis quatre-vingt-sept ans, est connu du monde entier; il se trouve intimement lié au mouvement scientifique, politique et littéraire de la France. C'est de cette modeste petite boutique, située galerie d'Orléans, au Palais-Royal, que sortent, depuis 1794, ces milliers de livres et de brochures qui vont se répandre dans l'univers. Chacun de ces écrits contient une parcelle plus ou moins grande du savoir humain; il contribue donc à l'œuvre de progrès, et l'on peut dire que les Dentu ont puissamment contribué au grand mouvement progressiste et civilisateur.

Le rôle de l'éditeur est plus important que ne le suppose le vulgaire ignorant ; car si celui-ci n'est qu'un industriel, il met en circulation des œuvres qui ont un succès de scandale, de curiosité et d'argent ; il fait de bonnes affaires, mais son influence est néfaste et malsaine au point de vue du mouvement intellectuel.

Si l'éditeur, au contraire, est doublé d'un littérateur fin et délicat, il sait découvrir les œuvres vraiment littéraires, les talents inconnus, les savants ignorés ; et en accordant à leurs pensées le corps et la vie que donne l'impression, il contribue à la gloire littéraire de sa patrie, il donne son concours intelligent à la littérature ; il fait plus même, il crée une bonne littérature.

Le plus pur chef-d'œuvre, s'il reste à l'état de manuscrit, ne peut apporter sa quote-part à la richesse de notre bagage littéraire ; il n'est d'aucune utilité pour le public, c'est une valeur perdue. Ce qui a fait de la maison Dentu une des premières maisons d'éditeurs de France, c'est que son fondateur et ses deux successeurs ont été des hommes d'égale valeur. Jean-Gabriel Dentu, le grand-père de l'éditeur actuel, établit d'abord sa librairie au passage Feydeau ; mais dès 1794, il s'installa dans une des boutiques de la galerie de bois du Palais-Royal.

Jean-Gabriel Dentu était un lettré, un écrivain de talent ; il fonda, en collaboration avec de la Messaugère, le *Journal des Dames,* qui eut un grand succès. C'était un journaliste spirituel, un polémiste hardi ; royaliste dans l'âme, il fonda encore le *Drapeau blanc* avec Martainville : ce journal fit un bruit d'enfer. Lamennais et Charles Nodier y collaboraient.

Les connaissances littéraires de Gabriel Dentu, ses instincts de lettré délicat ont contribué à créer un excellent fonds à cette maison ; il édita une édition de Vauvenargues, une traduction d'Ossian, les lettres de Bolingbroke, beaucoup de livres de voyages, un excellent traité d'histoire naturelle, les ouvrages de géographie de Walckenaër, de Sonnerat, de Pouqueville et de La Malle, etc.

Le premier, il a fait connaître, en France, les

principaux ouvrages des auteurs allemands et anglais, dont il a publié des traductions.

Il ne se retira de la lutte politique et de la vie active qu'à l'âge de soixante-dix ans, laissant sa maison à son fils Gabriel-André Dentu. Celui-ci, plus ardent légitimiste encore que son père, s'est rendu célèbre par l'opposition acharnée qu'il a faite à l'empire et à la restauration de Juillet. Homme de combat s'il en fut, il a sacrifié sa fortune et sa liberté à la cause qui lui était chère; il a payé un nombre incalculable d'amendes à ces deux gouvernements; il a été condamné à six mois de prison en 1833 pour trois brochures, intitulées : les *Cancans fleurissants*, les *Cancans décisifs*, les *Cancans inflexibles*. Peu de temps après, il était encore condamné à trois mois de prison pour les *Atrocités*, et pour *Henri, duc de Bordeaux*. Il se trouva, du reste, en si bonne compagnie en prison qu'il y passa son temps fort agréablement ; ses compagnons, sur *la paille humide*, étaient : Enfantin, Sosthène de La Rochefoucauld, Hivert, Blanqui, Aubry Foucaud et Bassières.

Tout en se dévouant à la politique, Gabriel

Dentu s'occupa pourtant d'enrichir sa librairie de fort bons ouvrages ; il fit de petits chefs-d'œuvre typographiques avec le *Voyage sentimental* de Stern et la traduction du *Werther* de Gœthe, de Sevelinges. Sa femme était très distinguée, et d'un esprit supérieur, bon poète et bonne musicienne; elle a composé beaucoup de romances; son chant de guerre *la Piémontaise* est devenu très populaire.

M. Édouard Dentu, troisième de nom, a été, dès son enfance, à une grande école littéraire ; orphelin, alors qu'il était encore au collège, Auguste Barbier était son subrogé tuteur, et Chateaubriand, ami de sa famille, le recevait à ses jours de sorties. On le voit, la chance l'a favorisé ; il a pu, dès ses jeunes années, puiser les instincts de la haute littérature auprès de ces deux hommes de valeur.

Il n'avait pas vingt ans lorsqu'il s'est vu forcé de se mettre à la tête de la maison du Palais-Royal, et il arrivait après la crise de 1848. On comprend quelle intelligence et quels efforts il a dû dépenser pour relever la maison et en faire une des premières maisons d'éditions de France.

Chose curieuse, ce sont les brochures politiques qui lui ont valu ses premiers succès; de 1850 à 1860, il a édité cinq mille huit cents brochures, dont quelques-unes, comme celle du *Pape* et du *Congrès*, par exemple, ont été tirées à 500,000 exemplaires. Très éclectique, il a édité des brochures signées : Falloux, Persigny, Girardin, Montalembert et le marquis de Larochejaquelein. Ami de Proudhon, c'est lui qui a édité ses derniers écrits.

Le succès de la brochure épuisé, Édouard Dentu a su attirer à lui une pléiade de bons écrivains; il a édité la *Sorcière* de Michelet, l'*Esprit nouveau* d'Edgar Quinet, les *Questions d'aujourd'hui et de demain* de Louis Blanc, les *Iambes* de Barbier, les œuvres d'Arsène Houssaye, d'Henri Bornier, de Féval, de Daudet, de Gonzalès, de Ponson du Terrail, de Victor Tissot, de Belot, de Malot, de Claretie et de bien d'autres encore.

Fils d'une femme de talent, il s'est uni par le mariage à une famille illustre dans l'art : en juillet 1862, il a épousé une des filles du grand peintre Alexandre Decamps. On le voit, M. Dentu, en intelligence, en esprit et en instincts littéraires, a de qui tenir.

Dentu est un des hommes les moins minces de Paris; il plaisante gaiement de sa corpulence et répète souvent en souriant : « Je fonds, je deviens diaphane! » Du reste, cette corpulence lui sied; elle le laisse alerte et vif; sa figure, fort grasse, est éclairée par un regard profond, un peu railleur parfois, et par un sourire franc et bon ; il appartient à cette classe, moins commune qu'on ne pourrait le croire, des sympathiques.

Il a une qualité qui devient assez rare pour être appréciée, il est homme du monde. Il est d'une si grande bienveillance qu'il lui est très pénible de refuser les innombrables manuscrits qu'on lui apporte; il s'ingénie à trouver des prétextes aimables pour les refuser sans froisser les auteurs.

Le grand-père et le père de Dentu tenaient, comme on disait alors, bureau d'esprit. Dans leur petite boutique se réunissaient les écrivains et les journalistes les plus célèbres de leur époque; on discutait, on causait du livre fait et du livre à faire. Aujourd'hui, on rencontre bien encore chez Édouard Dentu les auteurs en renom ; mais le peu de confort que l'on trouve dans la boutique rend toute réunion et toute causerie impossibles; elle est encombrée de tas de livres jetés en ballots dans tous les coins, elle ne possède que trois modestes chaises en bois blanc. Dentu se tient dans un petit cabinet donnant dans la boutique ; ce réduit est si encombré par la personne de l'éditeur et par un grand bureau, que le visiteur se demande, une fois que la porte est refermée, où il pourra bien se caser; ceux qui attendent leur tour doivent rester debout dans la boutique, au milieu des ballots, des employés et des acheteurs. Le moyen, je vous prie, qu'ils puissent se livrer à la causerie!

Il est vrai que M. Dentu avait fait faire deux bureaux : un pour donner ses audiences, l'autre pour son secrétaire, M. Faure, et les auteurs pouvaient attendre chez M. Faure qui, pour ne pas les laisser debout, s'ingéniait à faire des sièges avec des piles de livres; mais il est arrivé que Dentu a si bien entassé lettres, journaux et paperasses sur son bureau, qu'au bout d'un mois il devait écrire sur ses genoux; enfin les manuscrits ont été posés par terre, bientôt ils ont rempli le réduit; il aurait pu les ranger, il a préféré leur céder la place, il s'est installé dans le premier bureau; son secrétaire est forcé, tout comme les écrivains, à rester debout entre deux montagnes de livres. En ceci seulement, Dentu III n'est pas à la hauteur des deux autres Dentu.

Il est un homme qui est presque aussi connu que Dentu, c'est M. Sauvaitre, le principal employé de la maison depuis quarante ans!

Sauvaitre passe pour l'être le plus *grinchu* de la planète terre; je connais des littérateurs qui l'ont en sainte horreur... moi, je l'ai surnommé le *hérisson bienfaisant;* car tout en grommelant et d'un air qui souvent n'est pas gracieux, il est l'homme le plus obligeant de la terre; son aspect froid et rébarbatif cache un excellent cœur. Je le proposerais même, si j'avais quelque qualité pour le faire, pour le prix Montyon; d'abord, quel est l'employé qui, de nos jours, reste quarante ans dans une maison? Quel est l'employé défendant avec l'énergie farouche de Sauvaitre les intérêts de son patron? Aucun. Sauvaitre est seul de son espèce; de plus, il est intelligent, il a contribué largement à la fortune de Dentu; on peut l'appeler un catalogue vivant... De brûle-pourpoint, parlez-lui d'un livre, il vous répond... il traite le sujet, il a paru chez un tel il y a tant d'années.

Le grand-père de Dentu a édité les premiers ouvrages sur le magnétisme, entre autres celui de M. de Puységur, qui est excessivement curieux. Le magnétisme était nié, il y a peu d'années encore; il fallait donc un grand courage pour lui prêter appui dès le commencement du siècle.

M. É. Dentu a édité beaucoup de livres de sciences dites occultes; c'est chez lui qu'a paru la première édition des œuvres d'Allan Kardec; Hennequin a fait paraître chez lui son livre intitulé : *Sauvons le genre humain*. Delaage et E. Nus ont publié chez lui d'excellents livres sur le spiritisme. Est-il spirite lui-même? Demandez-le-lui et sachez lire entre les lignes.

Je lui connais un gros défaut, il est gourmet

comme défunt Grimod de La Reynière. Comme tous les gourmets, il aime à conter ou à écouter des histoires un peu... épicées; il les dit avec une délicatesse infinie, ce n'est pas cru, c'est régence. C'est, du reste, un des plus fins et des plus spirituels causeurs que je connaisse, et je répète ici ce que j'ai dit en commençant : la personnalité de Dentu est très parisienne, très littéraire et très sympathique.

HENRI DELAAGE

JE ne dirai pas qu'Henri Delaage est mort, ce mot est synonyme de néant, de fin ; or notre cher confrère et frère en croyance Delaage a tout simplement abandonné sa robe humaine; il s'est désincarné et il est remonté vers les sphères bleues; c'est samedi, à cinq heures du matin, que son esprit s'est désincarné de son corps. Nous le félicitons d'être arrivé à la fin de son épreuve humaine : il a quitté l'obscurité pour aller dans la lumière; et ces mondes, où il peut aujourd'hui aller à tire-d'aile, il les connaissait; de la vie d'outre-tombe il avait eu l'intuition vraie.

Henri Delaage a été un des types les plus curieux comme aussi les plus sympathiques de tout Paris ; il est né dans la capitale en 1825, un des rares Parisiens nés à Paris.

Grand, la taille élancée, avec une belle figure de Christ, un Jésus attristé, un peu rêveur ; la main allongée, élégante, blanche, une vraie main de chanoinesse ; portant les cheveux un peu longs, partagés sur le front. Le corps n'était point osseux, on l'aurait plutôt dit fluidique, d'autant plus que Delaage avait l'air d'effleurer le sol sans y poser. Chez lui, la matière était domptée par un esprit très lucide, très clairvoyant, et bien plus préoccupé des choses de l'autre monde que des ambitions et des petitesses de celles de ce monde-ci.

Fort bien né, par sa mère il était le petit-fils du célèbre comte Chaptal, qui a été membre de l'Académie des sciences et de l'Académie de médecine, sénateur sous Napoléon Ier. C'est à ce savant chimiste que l'on doit le sucre de betterave ; le premier, il découvrit le moyen de tirer du sucre de cette espèce de bette.

Son père était receveur des douanes au Havre ;

c'était un savant et un penseur si versé dans la connaissance des choses divines, que le pape Grégoire XVI l'avait nommé membre de la commission chargée d'examiner les titres du fondateur des frères des écoles à la canonisation.

Élevé à cette école de penseur spiritualiste, Henri Delaage s'est habitué, lui aussi, à écouter cette voix qui est en nous, et qui nous révèle la vérité lorsque nous prenons le temps et la peine de l'écouter.

Il s'est occupé de spiritisme bien avant Allan Kardec; on peut dire qu'il est né spirite, il avait gardé la ressouvenance des choses du monde immortel; il était lié d'amitié avec Hennequin, qui a écrit des livres fort curieux sur les esprits.

Delaage a été un écrivain de talent, n'écrivant jamais à *tant la ligne*, ne faisant pas paraître un livre pour faire une affaire commerciale, mais faisant un livre pour faire connaître une vérité, le préparant avec un soin infini. Dans trente ans, il n'a publié que huit livres; tous ont paru chez Dentu, pour lequel il avait une très vive sympathie.

Voici les titres de ses ouvrages :

Les perfections physiques de la race humaine;
Doctrines des sociétés secrètes;
Les Mondes occultes;

Cet ouvrage est précédé d'une très remarquable préface du père Lacordaire, qui avait en grande estime Henri Delaage.

Voici la lettre que le père Lacordaire lui adressa à propos de cet ouvrage :

A Monsieur Henri Delaage, rue Duphot, n° 6,
à Paris.

Paris, le 14 mars 1850.

« Monsieur,

« J'ai lu avec plaisir votre travail sur les *perfectionnements des races humaines*. Cet ouvrage respire une foi profonde, et il révèle à chaque page un talent digne de servir la grande cause du christianisme.

« En le comparant à ceux que vous avez déjà publiés, il me semble y reconnaître un incontestable progrès dans la force et la grâce du style, quoique çà et là j'y aie rencontré des phrases négligées et d'une trop pesante longueur.

« Permettez-moi, monsieur, de vous dire toute la vérité : je crois que les débris des *sciences occultes* où vous enveloppez les mystères et les pratiques du christianisme ôtent à vos écrits quelque chose de leur poids près des esprits sérieux. En piquant l'attention, vous faites douter peut-être de la sûreté de votre goût. Ne vaudrait-il pas mieux que vous frappiez plus droit au but, sans déguiser les choses les plus saintes sous le charme des rêves antiques ? Vous y gagneriez en autorité, et nous n'y perdrions rien en plaisir et en leçon.

« Je voudrais vous voir entreprendre un ouvrage de quelque haleine, qui vous plaçât décidément au rang que vous méritez d'obtenir parmi les défenseurs du bien et du vrai.

« Veuillez agréer, monsieur, ce faible encouragement, dont vous n'avez pas besoin, et l'expression cordiale de mes sentiments d'estime et d'attachement.

« Fr. Henri-Dominique Lacordaire,
des fr. prêch.

Voici les titres de ses autres livres :
Les Mondes prophétiques;
L'Éternité dévoilée;
Les Ressuscités au ciel et dans l'enfer;
La Science du vrai.

Ce dernier livre a paru il y a quelques mois à peine; c'est le complément de l'œuvre scientifique de cet écrivain ; on dirait qu'il avait le pressentiment de sa fin. Il a affirmé une dernière fois la vérité spirite, il a observé l'effet produit, puis il s'est envolé vers ces mondes dont il nous avait entretenus.

Je ne puis parler ici de la croyance spirite, il me faudrait cent pages pour le faire ; à ceux qui ignorent ce qu'elle est, je dirai simplement : Elle est science, car elle est basée sur la méthode expérimentale, et c'est la religion de l'avenir; c'est une lumière non factice et de fabrication humaine, puisqu'elle descend vers nous directement d'en haut; c'est une sorte de télégraphie qui peut s'établir entre les mondes sphériques et notre planète, entre ceux qui sont morts à la vie humaine et qui revivent dans les autres mondes et ceux, comme nous, encore empêtrés dans un corps humain; une communication entre les vivants et les morts, pour me servir du mot dont on se sert généralement pour désigner les esprits qui se sont désincarnés.

Si un jour mes lecteurs me font savoir que cette question les intéresse, je m'empresserai de la leur faire connaître.

Je reviens à Delaage.

Je l'ai dit, c'était un type curieux du tout-Paris ; on le voyait partout : dans la haute société polonaise, dans le faubourg, dans le monde des théâtres, dans le monde des lettres, dans le monde des viveurs des diverses catégories; dans les mondes intelligents et honorables, il était aimé et sympathique; dans les mondes un peu interlopes, il restait le penseur un peu spiritualiste, l'homme éthéré. Il planait au-dessus de ces mondes matérialistes, sans y perdre rien de ses ailes de spiritualiste.

Noctambule enragé, il ne se couchait jamais avant quatre heures du matin et ne se levait jamais avant deux ou trois heures de l'après-midi.

Sa famille lui avait laissé une modeste aisance;

jamais il n'a cherché à augmenter sa fortune, il s'est toujours trouvé satisfait de sa situation. Très serviable, ami excellent, il a toujours obligé avec empressement, sans jamais demander un service à personne; c'était un caractère foncièrement honorable, ayant une grande délicatesse.

Il est resté célibataire; fort discret sur ses affaires de cœur, s'il a eu de grandes passions, nul ne les a connues. Mais il aimait beaucoup la société des femmes d'esprit, et il était pour elles un bon et excellent camarade.

Détail typique : il a habité pendant trente-cinq ans la même petite chambre dans un hôtel du n° 6 de la rue Duphot; c'est là où il est mort.

En vrai philosophe spiritualiste, Henri Delaage n'a attaché aucune importance à l'argent, il n'a eu aucune ambition, il ne s'est jamais mêlé à cette sotte et stupide politique. Comprenant que le seul but de la vie, c'est la mort, il ne s'est préoccupé que de rechercher la vérité sur l'âme et le sort qui l'attend.

Je l'ai connu, il y a dix-huit ans, chez la princesse Alexandrine Ouroussoff; je l'ai retrouvé dans la société polonaise.

A cette époque, je ne savais pas ce que c'était que le spiritisme ; et lorsqu'il me parlait *esprits*, je me moquais de lui ; s'il faisait mouvoir la table, je l'accusais de jonglerie ; parfois je lui disais carrément qu'il était fou. Il me répondait en souriant :

— Un jour la vérité luira à vos yeux, et on vous traitera, vous aussi, de folle.

Sa prophétie s'est réalisée, la foi est entrée dans mon âme par l'évidence. Henri Delaage ne s'est pas donné la petite satisfaction de me rappeler mes anciennes railleries.

On ne saurait dire qu'Henri Delaage a vécu sur la terre, car il est resté comme suspendu au-dessus d'elle ; alors que ses pieds effleuraient à peine le sol, son esprit était dans les sphères bleues, et il causait aussi souvent avec les invisibles qu'avec les humains.

DANIEL DUNGLAS HOME

Chose digne d'être remarquée, presque tous les siècles ont eu leur homme mystérieux, extraordinaire et presque surhumain.

Le vulgaire les a appelés sorciers.

Les malins et les sots, ce qui du reste est synonyme, les ont appelés charlatans.

Les savants, pour ne point avoir à convenir qu'il y a des choses qui leur sont inconnues encore, n'ont pas voulu entendre parler des faits produits par ces hommes, et encore bien moins les étudier; ils ont trouvé la négation plus facile.

Les temps bibliques ont eu une foule de thaumaturges.

Les premiers siècles du christianisme en ont eu de fameux.

Au moyen âge, il y en a eu de nombreux, mais appartenant à un ordre inférieur.

Au XVIIIe siècle, Joseph Balsamo, dit Cagliostro, a émerveillé toute la haute société d'Europe. Il produisait des effets surprenants : il était en communication avec les morts, et il prédisait l'avenir.

L'écrivain Cazotte a possédé, lui aussi, cette double vue qui fouille la conscience humaine et sonde les mystères de l'avenir.

Daniel Dunglas Home est le thaumaturge par excellence du XIXe siècle.

La somme des connaissances humaines s'étant accrue, des millions de personnes savent à présent que ces hommes ne sont ni des sorciers, ni des charlatans, mais des médiums, c'est-à-dire un agent choisi par l'âme des désincarnés pour venir nous prouver l'individualité de l'âme et sa persistance après la mort du corps.

L'âme était une hypothèse, elle est devenue

vérité acquise par des faits auxquels on a pu appliquer la méthode expérimentale.

Les êtres invisibles qui veulent bien quitter l'irraticité pour venir à nous, aidés des fluides humains empruntés aux médiums, et au moyen d'une chimie combinant habilement ces divers éléments, font ce que les ignorants nommeraient des miracles, et ce qui n'est qu'une chose naturelle, puisque cette communication des disparus avec les humains est un fait acquis.

Cornélius Agrippa [1], dans son livre *De Magia naturali*, traduit en 1603 par le docteur Louis de Mayenre-Turquet, attaché à la personne d'Henri IV, a dit ceci :

« Sont très diligents enquesteurs de la nature ceux qui conduisent et adressant bien à propos les choses qu'elle a préparées, applicant les actives avec les passives. Bien souvent font voir des effets extraordinaires avant le temps, lesquels le vulgaire juge estre miracles, combien que ce ne soient qu'œuvres naturelles advancées de temps. »

[1] Lire l'excellent livre d'Eugène Nus, *Choses de l'autre monde*, Dentu, éditeur.

Gabriel Naudé, bibliothécaire du cardinal Mazarin, a écrit ceci dans son livre *Apologie des grands hommes accusés de magie* :

« Tout ce que les plus subtils et ingénieux d'entre les hommes peuvent faire en imitant ou en aidant la nature a coustume d'estre compriez sous le mot de magie, jusques à ce que l'on ait découvert les divers ressorts et moyens qu'ils pratiquent pour venir à bout de ces opérations extraordinaires. »

La pensée est la même chez ces deux hommes, et elle contient l'absolue vérité.

Il n'y a rien de surnaturel !

Il n'y a rien d'impossible !

Il y a des choses connues et des choses encore inconnues.

L'électricité a existé de tout temps, mais les hommes ne connaissaient point l'art de s'en servir. Ses effets auraient passé pour miracles ou imposture dans les siècles passés.

Au moyen âge, Home aurait été brûlé comme sorcier.

Au xvıı⁰ siècle, il aurait été comme Balsamo **un être fantastique.**

Au XIXe siècle, c'est un bon médium. On le voit, il y a progrès.

Daniel Dunglas Home est né à Édimbourg en 1833. A l'âge d'un an, il fut adopté par une de ses tantes, et il a passé sa première enfance à Portobello, près Édimbourg.

Il n'a pas été au phénomène spirite ; les esprits sont venus à lui.

Alors qu'il était tout enfant, un esprit tutélaire veillait sur lui, et une main invisible faisait doucement mouvoir son berceau.

Ceux qui l'ont connu enfant affirment que, dès l'âge de quatre ans, il eut une vision : il vit une de ses petites cousines, qui habitait Linlithgow, à son lit de mort; il vit les personnes qui se trouvaient près d'elle ; il assura que son père était sur mer, et, par conséquent, absent de sa maison dans ce moment douloureux. On put constater que tout ce qu'il avait dit était d'une rigoureuse exactitude.

Son oncle et sa tante allèrent se fixer en Amérique, alors qu'il n'avait que neuf ans. Il a donc passé sa jeunesse dans le nouveau monde.

Ce fut dans cette contrée qu'il eut la première apparition, il avait treize ans alors. Il avait un camarade qu'il aimait beaucoup. Par une belle journée d'avril, ils lisaient tous deux la Bible, en face d'une nature embellie par le renouveau. Son ami, à propos d'un fait étrange relaté dans ce livre, lui parla d'un esprit qui revenait dans la famille de lord..... et ils se mirent à discuter sur la possibilité de ces apparitions. Ils finirent par convenir que le premier des deux qui quitterait la terre se présenterait le troisième jour à l'autre, si, toutefois, Dieu le permettait, puis ils se mirent en prière pour demander à Dieu l'accomplissement de ce double vœu.

Quelques mois après, la famille de Home alla habiter Troy, dans l'État de New-York ; son ami Edwin demeurait à trois cents milles de là, à Norwich.

Un soir, Home avait passé gaiement la soirée avec quelques amis. Aucune triste préoccupation ne pesait sur son esprit, il rentra dans sa chambre, on était en juin, le ciel était pur, la lune en son plein éclairait d'une lueur si brillante qu'il n'alluma pas sa bougie pour se coucher. Il venait de terminer ses prières et entrait dans son lit, lorsque soudain une obscurité opaque envahit sa chambre : il fut étonné, car regardant dans la direction de sa fenêtre grande ouverte, il aperçut la lune brillante et non voilée. Pourtant la noirceur augmentait dans sa chambre, et il vit une lumière grandissant graduellement, qui se tenait au pied de son lit; et bientôt il vit au milieu de cette clarté la figure de son ami Edwin; ses traits étaient nettement dessinés, ils avaient une sorte de rayonnement, mais les cheveux qu'il portait courts durant sa vie tombaient en ce moment en longues boucles sur ses épaules. L'esprit le regardait en souriant affectueusement, puis il leva le bras vers le ciel en décrivant trois cercles. La lumière s'éteignit, l'obscurité qui lui avait servi de cadre se dissipa, et les rayons de la lune vinrent encore éclairer la chambre.

Daniel Home, pétrifié de surprise, était resté sans voix et sans la possibilité de faire un mouvement. Revenu à lui, il sonna, sa famille accourut. « Edwin est mort, dit-il, il y a trois jours à pareille heure. »

Le fait se trouva exact. C'est aussi dans ce

délai de trois jours que Delaage est apparu à Home. On s'est étonné de ce retard, sans réfléchir que l'esprit qui se désincarne éprouve du trouble, il lui faut un certain temps pour se reconstituer à l'état d'esprit. Rarement il apparaît immédiatement après sa mort à l'humanité.

La mère de Home était voyante aussi; une petite fille qu'elle avait perdue vint lui annoncer qu'elle mourrait quatre mois après et que nul de sa famille ne serait à son chevet.

Elle raconta cela, on lui fit remarquer que la fin surtout de la prédiction était impossible, puisqu'elle avait une nombreuse famille qui l'aimait.

Quatre mois après, Daniel Home était fort malade chez sa tante, son père était venu le voir, et, pendant ce temps, sa mère mourait n'ayant que des étrangers autour d'elle.

Tous ces détails sont contenus dans le livre de Dunglas Home intitulé : *Révélations sur ma vie surnaturelle*, édité chez Dentu. Mais pendant mon séjour en Amérique, j'ai entendu certifier ces faits par des personnes qui avaient été liées avec la tante et la mère de Home.

Il vit sa mère lui apparaître non trois jours après, mais à midi, alors qu'elle était morte à midi moins quelques minutes, et nul chez sa tante ne la savait même malade.

C'est bientôt après la mort de sa mère que Home est devenu complètement médium ; des coups étaient frappés dans les meubles, qui se mouvaient en sa présence, sans le secours d'une force humaine. Ces phénomènes l'effrayaient, ils rendaient sa tante furieuse, elle lui reprochait d'amener le diable chez elle. Les phénomènes augmentant, la tante exaspérée fit venir chez elle un prêtre anabaptiste, un prêtre anglican et un prêtre méthodiste ; elle demanda à ces saints personnages de prier Dieu pour son neveu, afin que le diable qu'il avait en lui fût chassé.

Ces prêtres se mirent en prière, Daniel Home se joignit à eux et pria avec ferveur d'être débarrassé de ces phénomènes qui le rendaient un objet d'horreur pour sa tante, qui était son seul protecteur ici-bas. La tante, elle aussi, s'agenouilla. On priait à haute voix. Mais voilà que chaque fois que les saints noms de Dieu ou de

Jésus étaient prononcés, comme un roulement de tambour se faisait entendre dans les meubles, on aurait dit des soldats battant aux champs devant leur général.

Au plus ces cinq personnes priaient avec ferveur, au plus les phénomènes devenaient bruyants. Alors Daniel Home vivement impressionné s'écria : « Mon Dieu, que votre volonté soit faite, je me mets entièrement à votre disposition si vous voulez m'imposer une mission. » Des coups joyeux répondirent à ce vœu. Mais la tante, pensant que le diable avait été plus fort que Dieu et que c'était lui qui avait répondu, chassa son neveu, qui se trouva à dix-huit ans seul et chargé de trois jeunes frères.

On peut voir qu'il n'a pas cherché à devenir médium, qu'il l'a été bien malgré lui. Il a passé quelques années encore en Amérique, de nombreuses personnes ont constaté tous les phénomènes qui se produisaient en sa présence.

Un jour il eut une vision qui le fit assister à la mort d'un de ses frères : il le vit chassant l'ours avec le capitaine et les officiers de son bateau, il l'aperçut nettement tombant dans une fente de glace, il le vit mourir sans que ses compagnons de chasse s'aperçussent de sa disparition. Il dit cela à sa famille et à ses amis. Cinq mois après on eut la confirmation de cette nouvelle, son frère était mort au moment même où il l'avait vu, et son corps n'avait été retrouvé que le lendemain.

Dans divers États d'Amérique, des centaines de personnes ont vu et ont certifié par écrits des faits prouvant que les esprits venaient visiter ce médium. Parmi ces personnes, il y a des savants et des hommes considérables et considérés dans le pays, comme le docteur Gray, le professeur Hare, le chimiste Mapes, le juge Edmond, le docteur Hallock, M. Partridge et M. Taylor.

En 1855, Daniel Dunglas Home alla en Angleterre, où il fut accueilli avec empressement. Tout le monde voulait voir *de visu* les étranges phénomènes qui se produisaient en sa présence. Il fit des séances auxquelles assistèrent le romancier Ealing, Colman-Davis Brewsten, Trollope, Rymer, Wilkinson et bien d'autres, qui constatèrent par procès-verbal les choses étonnantes qui s'étaient passées.

En 1856, il alla en Italie. A Florence, à Naples, toute la haute société fut témoin des phénomènes spirites. Mais ayant eu la malencontreuse idée d'aller à Rome, la police papale s'émut. M. Pasqualonni, son grand chef, lui donne ordre de passer chez lui. Daniel Home se rend à la police, accompagné d'un de ses amis.

M. Pasqualonni était assis devant une table. Home et son ami étaient assis en face de lui, mais à plus d'un mètre de la table. L'interrogatoire commence : Pourquoi êtes-vous venu à Rome? Comment s'appelait votre mère? Quel était le petit nom de votre mère? Et mille autres questions aussi peu importantes. Enfin Pasqualonni arrive au point capital :

D. Vous dites que vous êtes médecin, que vous avez des extases et que vous voyez les esprits?

R. Oui, monsieur, je l'ai dit et c'est vrai.

D. Et vous conversez avec les esprits?

R. Quand ils le veulent bien.

D. Comment les appelez-vous?

R. Ils viennent d'eux-mêmes.

D. Comment se manifestent-ils?

Home allait le lui expliquer, lorsque des coups sont frappés dans cette table rapprochée du chef de police, et fort éloignée de lut.

Pasqualonni sursaute : Quel est ce bruit, fait-il?

— Celui que font les esprits pour annoncer leur présence, répond Home.

L'homme de police, surpris, regarde sous la table, autour de la table, puis faisant un vain effort pour raffermir sa voix : Continuons notre examen, dit-il. Il lui pose une foule de questions et, lui parlant du livre qu'il a publié chez Dentu, il lui dit :

Vous dites dans cet ouvrage que les meubles marchent; pourquoi ne feriez-vous pas mouvoir cette table pour me prouver que vous avez dit vrai?

Il avait à peine achevé sa phrase que la table fait entendre des craquements et commence à remuer.

Pasqualonni finit son interrogatoire en signifiant à Daniel Home d'avoir à quitter Rome sous le délai de trois jours.

Dans son livre, Daniel Home donne peu de détails sur ses séances chez Napoléon III, et cela avec une délicatesse remplie de tact; mais beaucoup de familiers de l'empereur y ont assisté, trois d'entre eux m'ont conté les choses merveilleuses qui s'y sont passées. Un soir, entre autres, un bras fluidique s'est formé, il a pris un crayon, il a écrit quelques lignes qu'il a données à Napoléon III, puis il s'est dissous comme il s'était formé, en vue de tous les assistants. Chez le comte de Komar, il y a eu des séances très extraordinaires.

Xavier Branicki, la comtesse Kisseleff, le prince Murat et plus de cent personne de la haute société parisienne ont constaté les phénomènes obtenus par ce médium, et m'ont affirmé leurs caractères aussi imprévus que bien faits pour produire la conviction.

Alexandre II tenait Daniel Home en grande estime, et il a fait beaucoup d'expériences avec lui. En Angleterre, les savants Faraday, Russel Walace, Crook, Mapes, etc., ont certifié des faits qu'on nommerait miraculeux, si le spiritisme n'était point science acquise.

Daniel Dunglas Home est grand, svelte, blond, il a un grand air de distinction, lorsqu'il cause et qu'il s'anime, ses yeux ont des lueurs étranges. Il est très homme du monde, la voix douce, nullement poseur, c'est un parfait gentleman, aussi sympathique aux humains qu'il l'est aux esprits.

Le 1ᵉʳ août 1855, il a épousé une femme adorable, la toute jeune comtesse de Koucheleff. Son mariage a été célébré en Russie. Alexandre Dumas père, qui se trouvait en ce moment-là à Pétersbourg, a été un de ses témoins.

La nuit même de ses noces, alors qu'il croyait sa femme endormie, il vit soudain deux grandes lueurs dans sa chambre, sa mère lui apparut ainsi qu'un esprit, qui lui dit qu'il était le père de sa femme... Celle-ci se réveillant lui dit : Daniel, c'est sans doute votre mère qui est là avec mon père, elle est très belle et je n'ai pas peur.

Ce fut son initiation au spiritisme, elle devint excellent médium. Sa mort lui fut annoncée six mois à l'avance, et en vraie spirite, elle est allée au tombeau en souriant à la vie splendide qui se trouve au delà de la tombe...

Home a eu un fils d'elle, qui doit être à présent un superbe jeune homme. Je l'ai vu, alors qu'il avait une quinzaine d'années ; c'était un bel adolescent, sympathique, intelligent et possédant une charmante figure.

Je n'ai pas connu la première Mme Dunglas Home, mais j'ai vu deux fois la deuxième, une Russe de grande maison, et qui est aussi belle que sympathique.

Voilà la vérité vraie sur ce grand thaumaturge, sur lequel certains journalistes ont écrit des choses ineptes, fausses, méchantes et calomnieuses.

P. S. — Un de ces jours, je conterai les principaux phénomènes que Daniel Dunglas Home a obtenus en présence de savants et de hautes personnalités.

CHARLES FLOQUET

Sur quoi se basent les hommes pour juger les hommes?

Je ne le sais pas, mais tout me porte à croire que leur jugement part souvent d'un point de vue faux.

Que de fois, hélas! j'ai assisté à cette comédie d'hommes juchés par la foule masculine sur un piédestal d'une hauteur prodigieuse, décrétés par elle des sauveurs, des hommes de génie, des hommes providentiels; et quelques mois après, cette même foule renversait l'idole, elle se ruait sur le piédestal et le mettait brutalement en miettes. D'après elle, le dieu de la veille n'était plus qu'un coquin, l'homme de génie n'était plus qu'un idiot.

Le jugement porté était donc faux; les hommes avaient donc manqué d'intuition et de sagacité.

Les femmes peuvent avoir une multitude de défauts, j'en conviens d'autant mieux que je suis peut-être une preuve à l'appui de cette opinion. Mais on doit leur accorder une sorte de double vue, un sens intuitif sûr qui leur permet de juger un homme d'après une phrase, un mot ou sur un geste.

L'homme est attiré par l'extérieur, la femme a le don de lire dans le cœur.

L'homme peut aimer une femme perverse, vile, bête, si son corps est beau.

La femme s'éprend quelquefois au grand ébahissement des hommes d'un être difforme, et cela parce que sa double vue lui a permis de voir en lui une âme d'élite.

Cette supériorité-ci a certes bien sa valeur et surtout sa force.

L'homme juge avec l'esprit.

La femme juge avec le cœur.

Vers la fin de l'empire, le représentant de cette

autocratie de fer qui écrase la Russie, qui a mutilé la Pologne, qui a rempli les forteresses, peuplé la Sibérie, fait fouetter des femmes sur les places de Varsovie, vint à Paris. Un jour, il se trouvait sur les marches du Palais de Justice. Un homme, un tout jeune avocat, de grand talent, M. Charles Floquet, se plaçant devant lui, cria :

— Vive la Pologne! monsieur.

Ce qui voulait dire : à bas la force brutale et despotique, à bas le tyran, aide aux victimes. Ce mot monsieur rappelait au czar qu'il n'était point un Dieu, mais un simple humain.

Le lendemain, les impérialistes, les légitimistes, les orléanistes criaient haro sur Charles Floquet.

Certains républicains trouvaient sa protestation un peu risquée, ils parlaient de politesse, d'égards envers l'hôte de la France.

Pas un seul homme, même dans le camp répucain, n'eut l'intuition exacte de la conclusion qu'on devait tirer de ce qu'ils appelaient l'espièglerie d'un cerveau brûlé.

Les femmes seules ont compris cette exclamation; ce cri, parti du cœur, a été pour elle une révélation, la base du jugement qu'elles ont porté sur Charles Floquet.

Mme S'Heurer-Ketsner, femme d'esprit et de cœur, se dit que Charles Floquet était d'une nature généreuse, qu'il avait donc l'injustice et la force brutale et despotique en horreur, et que par conséquent, il serait un excellent mari. Ses instincts de femme lui faisaient comprendre que le cœur étant le grand mobile de toutes les actions, celui qui a le cœur bon n'est ni égoïste ni froidement ambitieux. Cette conclusion aurait fait sourire un homme, et pourtant elle était juste et humaine.

Mme S'Heurer-Ketsner n'eut plus qu'un désir, avoir Charles Floquet pour gendre ; la grosse fortune de la jeune fille empêchait le jeune avocat de laisser voir son amour, Mme S'Heurer-Kestner, comprenant cette délicatesse, fit toutes les avances ; Mlle S'Heurer-Ketsner aimait, elle aussi, mais les jeunes filles les moins coquettes le sont un brin ; elle voulut savoir jusqu'à quel point elle était aimée.

Un jour elle descendait seule l'escalier, Floquet montait chez sa mère. — Savez-vous, lui dit-elle, que vous me rendez bien malheureuse !

— Moi !

— Certainement, ma mère veut que je vous épouse.

— Et vous ne m'aimez pas, je comprends ; eh bien ! mademoiselle, je vais vous prouver combien je vous aime, je n'irai plus chez vous, s'il le faut, je refuserai même de vous épouser ; oui, pour vous éviter un ennui, je refuserai même le bonheur.

Et saluant respectueusement la jeune fille, il se remit à redescendre l'escalier.

— Monsieur Floquet, monsieur Floquet, mais remontez donc, cria-t-elle.

Il revint près d'elle.

— Voilà ma main, je vous la donne en toute confiance que vous serez un bon mari.

Je n'ai pas l'honneur de connaître personnellement le jeune ménage, mais je le sais parfaitement heureux.

Avec un homme de cœur, une femme n'est jamais malheureuse.

Ce que Mme S'Heurer-Kestner se dit au point de vue du mari, je me le dis, moi, au point de vue politique; voici comment je jugeais Charles Floquet, après son cri de Vive la Pologne! monsieur:

Un vrai républicain, susceptible de se dévouer au bien général, n'ayant pas cette âpre ambition qui dévore certains républicains et qui en fait des dévorants dangereux; un cœur sensible ayant horreur de l'injustice et du despotisme, deux qualités d'autant plus appréciables chez l'homme politique que rarement on les rencontre chez lui.

Lorsqu'il a été nommé député, en 1871, j'ai été fort satisfaite, pensant qu'avec sa bonne nature il rendrait des services au pays.

Dans mon for intérieur, j'ai applaudi à sa nomination de préfet de la Seine.

S'il devient un jour ministre des finances, je dirai tant mieux, car son bon cœur le portera à ne pas laisser gaspiller follement la fortune publique; il pensera aux pauvres, pour qui l'impôt est une lourde charge.

S'il devient ministre de la justice, je serai enchantée. Il ne sera jamais despote ni autoritaire, il prendra en main la cause des victimes, ne craindra pas de braver en face les oppresseurs, et ces qualités sont aussi rares qu'appréciables.

Voilà ce que son cri de « Vive la Pologne! monsieur, » m'a appris de lui.

Je ne le connais pas personnellement, mais j'ai suivi sa carrière avec intérêt, et j'ai vu avec plaisir que mon jugement sur lui a été juste.

Une chose qui étonnera ceux qui, dernièrement encore, l'accusaient d'impolitesse ; en Russie, bien des femmes du grand monde m'ont parlé de lui avec une sympathie nullement dissimulée : elles aussi l'avaient jugé sainement ; c'est un homme de cœur, m'ont-elles dit.

Croyez-moi, messieurs, confiez les affaires du pays à des hommes de cœur, et le peuple s'en trouvera fort bien.

Charles Floquet est né à Saint-Jean-Pied-de-Port, le 2 octobre 1828. Avocat distingué et très éloquent, il a défendu avec un grand talent les intérêts de la famille de Victor Noir, tué à Auteuil par le prince Pierre Bonaparte.

Écrivain de valeur, il a collaboré, sous l'empire, au *Temps* et au *Siècle*.

Élu représentant du département de la Seine, le 8 février 1871, par 94,000 suffrages, il s'est fait remarquer à la Chambre par son activité et ses votes patriotiques et libéraux ; il a voté contre les préliminaires de la paix, il a voté le retour de la Chambre à Paris, il a voté pour l'amnistie.

Avocat, écrivain, député, conseiller muninicipal, toujours il s'est montré fidèle aux grandes idées libérales et démocratiques ; toujours il s'est fait remarquer par son intelligence et son zèle à s'occuper des affaires de la nation.

C'est un sincère républicain, il n'est point ambitieux et c'est un sympathique.

Ils sont rares les sympathiques, parmi nos hommes du jour !

Charles Floquet est de petite taille ; il a les traits fins, la bouche un brin railleuse, les yeux vifs et intelligents ; ce parfait républicain a un petit air de marquis Louis XV ; ses cheveux gris, touffus, soyeux, frisottants, encadrent bien sa physionomie fine et spirituelle.

Vertu rare encore chez les républicains, il est

bienveillant, aimable pour tous, d'un abord facile ; il a le bon esprit de ne pas se draper dans le prestige de sa haute situation ; on assure qu'on peut pénétrer jusqu'à lui sans demande d'audience.

ANDRÉ GILL

LA science marche, dit-on; pour certains détails matériels, elle a fait des progrès, j'en conviens, nous voyageons plus rapidement, nous avions le gaz déjà, nous possédons à présent la lumière électrique, nous mesurons par à peu près la distance qui nous sépare du soleil, tout cela est quelque chose. Mais nous souffrons comme par le passé en notre chair, nos os et nos nerfs; de nouvelles maladies sont même venues affliger la pauvre humanité... Toutes les belles découvertes faites en médecine n'ont eu pour seuls résultats que de diminuer la durée de la vie de l'homme. Les patriarches de la Bible vivaient des centaines d'années, nos grands-pères approchaient gaillardement de la centaine, nos pères ont atteint assez vaillamment leurs quatre-vingts ans; nous, dès trente ans, nous avons des fils d'argent dans les cheveux, si nous arrivons à la soixantaine, ce sera à l'état de vieillards gâteux; nos fils naissent vieux, ils auront de la peine à atteindre leur cinquantaine !

Mais on dit et redit chaque jour que la médecine fait des progrès étonnants! Dans un sens, ils sont en effet étonnants ces progrès-là, et il faut souhaiter qu'elle cesse de progresser de cette façon.

Les maisons dites de santé sont nombreuses; il paraît que les locataires n'y manquent pas, puisqu'il n'y a pas eu une seule petite chambre chez le docteur Blanche pour ce pauvre André Gill. Mais si ces maisons reçoivent les fous, hélas ! elles les gardent au lieu de les rendre guéris, ce qui prouve que la médecine n'a nullement progressé dans l'art de guérir l'horrible maladie appelée folie.

Et comment nos médecins pourraient-ils faire pour combattre cette maladie, alors qu'elle n'attaque pas le corps mais bien notre être intellectuel, notre *moi*, et que ce second être, enfermé dans le corps, est encore inconnu dans son origine? Les matérialistes, qui veulent que notre esprit, nos pensées, tout notre être intellectuel enfin, ne soient qu'une émanation de la matière, les matérialistes, qui se figurent que pensées, génie, haine, amour et mémoire naissent spontanément dans notre cerveau, comme les champignons poussent sur le fumier, diront : « La folie vient d'un détraquement du cerveau ; » mais qu'ils me feraient donc plaisir de me dire ce qu'ils trouvent de dérangé dans le cerveau d'un fou lorsqu'ils dissèquent son cadavre !

La folie vient généralement de peines morales : un choc intellectuel violent, une sensation de terreur et une douleur immense la produisent. On voit dans un corps à la Scarron, dans un corps au sang vicié, dans un corps difforme, scrofuleux et rachitique, une intelligence lumineuse; tandis qu'un corps robuste et sain ne contient parfois qu'une intelligence mesquine et faible; si la logique n'est pas un vain mot, nos deux êtres, le corporel et l'incorporel, sont très indépendants l'un de l'autre; pour arriver à traiter la folie efficacement, il faudrait donc étudier enfin notre être incorporel, soigner les fous par des remèdes moraux; au lieu de cela, pour calmer un esprit troublé, on douche le corps, on éloigne le malade des gens qu'il aime, on l'enferme, on le laisse en contact avec d'autres troublés. On lui impose un supplice à rendre fou le moins fou des hommes.

Si le progrès marche, en revanche la logique et le bon sens diminuent au lieu d'augmenter.

André Gill, qui subit dans ce moment la dure épreuve de la folie, était un bon et charmant garçon, très intelligent. Il était non seulement un spirituel caricaturiste, mais encore un écrivain. Il a écrit de nombreux articles de journaux, d'excellentes poésies; en collaboration avec Jean Richepin, il a écrit un grand drame et fait représenter à l'Odéon, en 1876, une charmante comédie intitulée : *la Corde au cou*.

Il est un de nos rares hommes de talent qui soient Parisiens, le plus grand nombre est devenu Parisien. Louis-Alexandre Gosset de Guinnes, dit André Gill, est né à Paris le 17 octobre 1840. Il fut d'abord l'élève de Leloir, puis alla à l'École des beaux-arts, qu'il quitta pour s'engager dans un régiment de ligne, où il fut un brave soldat et un charmant et joyeux camarade.

A son retour du régiment, il fit paraître des caricatures, si finement spirituelles, dans divers journaux, que sa réputation s'établit promptement. C'est dans la *Lune* et dans l'*Éclipse* qu'il a publié ses dessins les plus humoristiques ; toutes nos célébrités littéraires, politiques et théâtrales, ont eu l'honneur d'inspirer son crayon.

Il continuait à illustrer la *Lune rousse* et la *Petite Lune*, lorsque cette horrible maladie s'est emparée de lui, pour peu de temps, nous l'espérons.

André Gill s'est également fait connaître comme peintre et d'une façon avantageuse. Il a exposé, en 1876, une toile qui a été très remarquée : la *Chanson des fous*. En 1877 et en 1878, il a exposé deux charmantes toiles : *Crispin* et l'*Homme à la pipe*.

On lui doit un bon portrait du grand Lesueur.

Grand cœur, belle intelligence ! n'est-il pas douloureux que tout cela soit troublé par l'horrible folie !

Le voilà loin de ses amis, livré à des étrangers. Pauvre Gill !

Il ne saura pas même combien il était aimé, car il ne pourra lire toutes les lignes sympathiques écrites sur lui. Pauvre Gill !

DIOGÈNE MAILLART

Dans ce moment-ci, la littérature doit céder le pas à la peinture et à la sculpture; la plume a le devoir de rendre hommage aux grands artistes qui nous convient à examiner leurs œuvres et le fruit de leurs labeurs.

Parmi la noble pléiade de nos artistes de réelle valeur, parmi nos hors concours et parmi ceux qui ont su rester fidèles au grand art classique, Diogène Maillart m'est tout particulièrement sympathique, et voici pourquoi. La vocation a été réelle et spontanée en lui; il a lutté avec une rare énergie, il a fait montre d'un caractère fortement trempé; il peut être fier de ce qu'il est, car son talent est non seulement le résultat d'un don naturel, mais encore d'efforts opiniâtres ; il a eu à se débattre contre la misère et il a su la vaincre. La fortune est une pas grand'chose qui, généralement, comble de ses faveurs les idiots et les inutiles, et refuse ses dons aux penseurs, aux savants et aux artistes, si bien que les intelligences d'élite ont le double labeur de lutter contre la misère et de donner l'être aux filles de leur génie.

Diogène Maillart est fils d'un brave paysan de Château-du-Bois-de-l'Écu (Oise). Né dans une ferme, personne ne lui parlait art, nul objet artistique ne frappait sa vue, tout le portait vers a terre, et pourtant sa pensée s'élevait vers les cimes de l'art : phénomène qui prouve la vérité de la théorie des vies successives Sans doute, l'*esprit* de Maillart, avant de venir animer le corps de ce fils de paysan, avait animé le corps d'un Grec antique qui avait cultivé l'art de la peinture, et dans sa nouvelle prison, cet *esprit* avait des lueurs de ressouvenance, la nostalgie de l'art le possédait.

Au lieu de conduire la charrue, le jeune Maillart, s'emparant d'un crayon ou d'un morceau de charbon, faisait des esquisses; lorsqu'un journal illustré tombait sous sa main, il était heureux ; il étudiait les poses, il copiait les attitudes. Ses parents, voyant qu'ils ne feraient jamais de lui un agriculteur, même médiocre, et ces paysans-là étant bons et intelligents, ils se dirent qu'ils n'avaient pas le droit de contrarier sa vocation, et un bon jour le père Maillard le fit monter dans une vieille carriole :

— Viens à Paris, lui dit-il, et là tu pourras étudier cet art qui te plaît tant.

Ils arrivèrent dans l'immense cité en décembre 1858. Le père Maillart installa son fils, alors âgé de dix-huit ans, dans une petite auberge de la rue Saint-Denis; il lui donna quelques centaines d'écus et le quitta en lui disant: Que Dieu te garde.

Sans guide, sans protection, sans relations, ce jeune paysan mit trois mois pour découvrir ce qu'il désirait : une école de dessin.

Enfin le hasard le conduisit dans celle dirigée par M. Laemhein, le peintre d'histoire. Ayant jusque-là dessiné sans maître, sans modèles, il était si peu avancé qu'il fut mis dans la dernière division, avec des enfants de huit ou dix ans. Il fut humilié et il se mit à travailler avec une telle ardeur et une telle intelligence, que M. Lahemhein le prit en grande affection ; il pressentit en lui le vrai artiste, et quatre mois après son entrée dans cette école, il passait dans la première division, et peu de temps après il était en état de concourir pour l'École des beaux-arts ; il fut reçu quatrième sur une centaine de concurrents.

Ce premier succès décida sa destinée. Léon Cogniet s'intéressa tout particulièrement à ce jeune homme qui était pauvre, isolé dans Paris, mais qui, soutenu par l'amour de l'art, luttait sans se plaindre, sans même laisser soupçonner sa gêne ; il le fit entrer dans son atelier et s'occupa tout spécialement de lui. Lorsque cet artiste ferma son cours, Diogène Maillart entra dans l'atelier de M. Cornu ; il travailla avec lui à la décoration du palais de l'Élysée.

En 1864, c'est-à-dire après cinq ans seulement d'études sérieuses, Diogène Maillart prit part au concours pour le prix de Rome. Le sujet était tiré des premiers vers d'une idylle d'André Chénier, intitulée l'*Aveugle :*

« Dieu dont l'arc est d'argent, Dieu de Claros, écoute,
O Sminthée-Apollon ! je périrai sans doute
Si tu ne sers de guide à cet aveugle errant.
C'est ainsi qu'achevait l'aveugle en soupirant,
Et près des bois, marchait, faible, et sur une pierre
S'asseyait. Trois pasteurs, enfants de cette terre,
Le suivaient, accourus aux abois turbulents
Des molosses, gardiens de leurs troupeaux bêlants.
Ils avaient, retenant leur fureur indiscrète,
Protégé du vieillard la faiblesse inquiète... »

Ses concurrents étaient des artistes de valeur ; c'étaient : Machard, qui eut le prix l'année suivante, Thirion, H. Lévy, L. Leloir, Jean-Paul Laurens, tous arrivés dans des genres divers à la célébrité.

La composition de Maillart était animée d'un sentiment élevé ; l'attitude du vieil Homère avait cette noble simplicité que les artistes grecs donnaient à leurs héros ; les chiens eux-mêmes étaient bien traités. Au *salopage*, les élèves furent unanimes à déclarer que son dessin était le meilleur, et la décision du jury fut aussi unanime pour le nommer prix de Rome.

Les grands savants et les grands artistes ont l'âme généralement trop élevée pour ne pas préférer l'amour pur à la hideuse débauche. Diogène Maillard, au lieu de flétrir son cœur dans des amours faciles, se maria avec une belle et intelligente jeune fille, qui a été et qui est sa compagne dévouée; il alla à Rome avec elle, et il partagea son temps entre le travail et les joies de la famille.

Fort lié avec le sculpteur Deschamps, il travaillait avec lui dans l'ancien atelier d'Horace Vernet; ces deux artistes se servaient mutuellement de modèles et s'aidaient de leurs conseils.

Maillart était à Rome en même temps que Michel Lefebvre, Monchablon, Machard, Henri Regnault et le grand sculpteur Falguière.

En 1866, il envoya à Paris une esquisse qui fut fort admirée; la composition était belle comme sentiment et l'exécution était d'un style très pur. Elle représentait un pauvre ilote enchaîné à la roue d'un de ces primitifs moulins, comme on en voit encore en Orient; le corps ployant sous la fatigue physique, l'âme écrasée sous une immense douleur morale, ce pauvre paria regarde, avec une tristesse poignante, un homme et une femme qui s'en vont libres et joyeux, tenant dans leurs bras un beau bébé. On sent que l'ilote se dit avec désespoir : « Hélas ! je ne connaîtrai, moi, ni la liberté, ni l'amour, ni les joies de la paternité ! »

Cette esquisse, transformée en tableau, a figuré au Salon de 1872 et ensuite à l'exposition de Vienne ; l'État l'a acheté et le musée de Carcassonne possède ce beau tableau.

Diogène Maillart exécuta à Rome un nombre considérable d'esquisses au fusain ; il fit des moulages de l'Académie, il alla à Naples copier la *Descente de croix*, de Ribera. Dans la chapelle Sixtine, il étudia les œuvres de Michel-Ange, si puissantes de style, si pures de dessin et d'attitudes si énergiques, tout en étant toujours nobles. Ensuite il chercha à s'assimiler un peu de cette séduction qui se dégage des œuvres de Raphaël. Il alla à Venise pour étudier le coloris harmonieux du Véronèse et la puissance si variée et si vraie du Tintoret. Toutes ces études ont fait de Maillart un excellent peintre ; son dessin est toujours pur, correct; ses compositions sont d'un sentiment élevé, son coloris est puissant et ses œuvres ont une rare vigueur.

Le pensionnaire de l'École de Rome doivent faire pour le gouvernement français la copie d'un grand maître; ces toiles deviennent la propriété de l'État. Maillard copia le *Saint Jérôme* du Corrège; il rendit avec une grande perfection l'admirable coloris de ce maître, si savant dans les clairs obscurs. Cette copie fut très remarquée; elle se trouve à l'École des beaux-arts.

Son troisième envoi fut *Moïse et le serpent d'airain*, vaste composition d'un sentiment tout philosophique, avec des groupes bien posés et bien dessinés, représentant les vices et les vertus; cinquante figures, vigoureusement dessinées, se détachent de cette grande toile. Cette œuvre lui valut la médaille.

De retour à Paris, Maillard a exposé chaque année, et chaque année ses envois du Salon attirent l'attention des connaisseurs. En 1873, il a exposé le portrait de Mme Maillart, exquis de distinction et de sentiment.

En 1876, il a exposé le portrait de ses enfants et un tableau de famille représentant sa vieille mère, avec son portrait de paysanne et sa petite fille, bébé espiègle et joli au possible. La grand'mère a cet air calme et heureux de la femme de bien, qui arrive à la fin de la vie avec la joie intime du devoir accompli; elle sourit à l'avenir brillant représenté par la fillette.

Maillart est un portraitiste de grand talent; il sait donner à tous les portraits qu'il fait une valeur artistique très réelle; la pose est simple, le coloris est toujours vrai et très harmonieux.

Voici ses principales œuvres.

L'*Amour berger*, composition poétique d'une grande perfection de dessin.

Le *Jugement de Pâris*, qui a été au Salon de 1878. Ce tableau est très beau, l'effet est concentré sur Vénus; le corps de cette blonde déesse est d'un modelé exquis; il est éclairé par les tons nacrés du soleil couchant, ce qui donne à la chair une apparence extraordinaire de vie.

Dans le *Héros tueur de monstres*, le corps de la sirène est d'une beauté parfaite.

La *Néréide*, composition charmante et d'une grande franchise d'exécution.

Baptême de saint Augustin et Remenbraza, exposé en 1874.

Thétis armant Achille, exposé en 1875.

La *Mort de sainte Monique*, Salon de 1877. Beaucoup de portraits d'hommes et de femmes.

Cette année-ci, Maillart a exposé une superbe toile, *Prométhée aux fers*, composition d'une rare puissance ; il a un torse d'homme merveilleux comme science, du dessin ; c'est certes l'œuvre d'un grand artiste, c'est un des bons tableaux de Maillart; dessin, composition, coloris, tout est bien soigné. Pourquoi ce tableau a-t-il été mis au-dessus d'une porte, au lieu d'être sur la cimaise à laquelle il avait droit, Maillart étant hors concours depuis quatre ans? Comité et mystère! modernistes et Manet! impressionnistes et incompréhensibles!

En tout cas, les hommes qui ont placé le barbouillage au bleu de Manet sur la cimaise, devaient logiquement placer ailleurs l'œuvre de Maillart!

Voilà donc l'homme né dans une ferme, qui,

à Paris, se trouve isolé, sans protection, et qui, par son intelligence, son travail, arrive à être classé au nombre de nos meilleurs peintres !

Quelle belle carrière parcourue en vingt-quatre ans ! Maillart n'a que quarante-deux ans ; il a donc l'avenir pour lui, et il nous sera donné d'admirer encore bien de belles œuvres de lui !

Combien est inepte et fausse cette théorie de la race ! Diogène Maillart, né de paysans, est un parfait homme du monde, très gentleman ; rien ne trahit en lui son origine plébéienne, et notre noblesse devra en prendre son parti ; la seule noblesse réelle est celle de l'intelligence ; celle-là ne mourra jamais, car elle n'est pas de convention.

Cette silhouette serait incomplète si je ne notais pas ici les opinions de M. Maillart sur les arts. Voici ce qu'il me disait, le jour où j'ai visité son atelier :

« L'homme ne vaut que par son œuvre ! Quelle est ma valeur ? Si je m'en rapporte à mon sentiment, je crains qu'elle soit minime ; mais si les intentions peuvent compter, s'il y a quelque indulgence à espérer en faveur de la bonne volonté et de l'élévation de la recherche, si la grandeur, la beauté du but rêvé peuvent atténuer la faiblesse des moyens et la laideur du résultat, alors je pourrai mériter quelque intérêt. »

On le voit, comme tous les vraiment grands artistes, Maillart est très modeste. Il m'a dit encore :

« Chacun a son rêve et son amour ; mais, hélas ! aimer n'est pas posséder. J'ai aussi mon rêve, et, à défaut de satisfaction du côté de mes productions, il est assez fort pour soutenir ma vie. Je sens comme une force qui me dit que non seulement je ferai œuvre d'artiste sincère, mais encore œuvre de bon citoyen ; par ce temps de relâchement, de décadence et d'infériorité, en renouant la chaîne des traditions de notre grand art national ! Présentement, notre art s'affuble de toutes sortes de défroques : il est allemand, espagnol, anglais surtout. Il ne cherche qu'à plaire aux imbéciles affolés de nouveauté ; il s'est fait cuistre, goujat, fumiste, vidangeur même, pour être à la hauteur de la bourgeoisie qui est tout cela, puisqu'elle en vient.

« L'art, chez nous, oublie d'être français ! Eh quoi ! quand nous avons eu Poussin, Watteau, Géricault, Gros, Prudhon, Ingres et Delacroix, aller chercher ces maîtres ailleurs, à l'étranger, alors qu'ils sont inférieurs, n'est-ce pas nous préparer à le devenir aussi ? »

En disant cela, Maillart était superbe d'indignation, et c'est avec une énergie quelque peu farouche qu'il m'a dit :

« Eh bien ! non. Je combattrai ces tendances funestes à notre art et à notre gloire ; *là, je le sens, est ma mission.* Pour cette idée, j'ai vieilli, souffert, lutté, je m'y suis préparé longtemps en Italie ; pour elle, j'ai accepté l'isolement et la pauvreté ; pour la répandre, je me suis fait professeur. J'ai parlé, enseigné, prêché un peu dans le désert, hélas ! je le sais. Mais c'est le rôle des précurseurs ; mon ambition est assez haute pour me valoir la persécution : j'y suis préparé ; déjà on a commencé, qu'elle continue, je ne défendrai qu'avec plus d'ardeur l'art français contre les adeptes de l'art britannique ou espagnol ; je défendrai avec courage notre grande École française qui, depuis le Poussin, nous a donné notre supériorité. Mais je n'ignore pas combien sont faibles mes ressources, et je ne cesserai de regretter de n'avoir pas plus de valeur pour mieux remplir cette patriotique mission. »

Voilà les idées et le but que poursuit ce grand artiste.

On le voit, ses idées sont belles et son but est noble et tout à fait digne d'un bon citoyen.

Nul mieux que lui ne pourra, selon moi, bien remplir la mission de conserver à l'École française son prestige; car Diogène Maillart étant un excellent professeur, il pourra inspirer à ses élèves ses belles idées et ses tendances élevées.

EDMOND DE GONCOURT

Nous sommes ici en présence d'une personnalité de valeur ; M. Edmond de Goncourt, même dédoublé de M. Jules de Goncourt, est un écrivain de talent ; aussi n'est-ce pas à son talent que je vais m'attaquer, mais à ses tendances.

D'abord il appartient à cette école pédante, qui pontifie et qui le prend de très haut avec le public.

Le livre est le résultat de l'étude, de l'effort, de l'imagination ou de l'observation ; mais la préface, c'est l'homme ; lisez les préfaces de Dumas et vous connaîtrez admirablement l'homme chez Dumas fils.

Lisons quelques lignes de la préface de *Germinie Lacerteux*, œuvre des deux de Goncourt, et nous connaîtrons leur caractère.

« Le public aime les romans faux : ce roman est un roman vrai. »

« Il aime les livres qui font semblant d'aller dans le monde ; ce livre vient de la rue. »

« Il aime les petites œuvres polissonnes, les mémoires de filles, les confessions d'alcôves, les saletés érotiques, le scandale qui se retrousse dans une image aux devantures des libraires. Ce qu'il va lire est sévère et pur. Qu'il ne s'attende point à la photographie décolletée du plaisir : l'étude qui suit est la clinique de l'amour. »

« Le public aime encore les lectures anodines et consolantes, les aventures qui finissent bien, les imaginations qui ne dérangent ni sa digestion ni sa sérénité ; le livre, avec sa triste et violente distraction, est fait pour contrarier ses habitudes et nuire à son hygiène. »

Pour tout homme sachant lire entre les lignes, pour tout esprit un peu perspicace, celui qui a écrit cette préface est un infatué de son talent, c'est un homme se croyant la mission de relever le niveau intellectuel de ce pauvre public, qu'il vient de fustiger avec un aussi suprême dédain. C'est un homme croyant pouvoir faire mieux que les autres et se hissant sur un piédestal, de peur que les autres oublient de lui rendre cette justice.

Il explique ensuite pourquoi il a écrit ce livre. Dumas père s'est contenté d'écrire des livres charmants, sans dire pourquoi il les écrivait.

Balzac a fait des études inimitables, sans en expliquer le pourquoi, qui se dégageait fort bien de la lecture de son œuvre.

Le procédé de cette nouvelle école romancière et pédagogique prouve, chez les auteurs, où un sentiment intime que le but de leurs œuvres ne se dégage pas clairement; ou bien il prouve que ses disciples ont une piètre opinion du public, et qu'à l'exemple du maître d'école, ils se croient forcés de lui expliquer le but qu'ils ont voulu atteindre.

Mais après ces préfaces pédantes et dogmatiques, ces auteurs (pour dire crûment la vérité) essayent de donner le change sur le but réel qui est l'argent, se moquent carrément de ce bon public. Dumas lui dit qu'il a écrit la *Visite de noce* pour le moraliser; Zola lui assure qu'il fait du naturalisme dans le même but et puis encore pour fonder la République. MM. de Goncourt, après avoir accusé ce public d'aimer *les petites œuvres polissonnes*, les saletés érotiques, et après l'avoir gourmandé pour ses goûts coupables, sous prétexte de faire *la clinique de l'amour*, fait un roman dont l'héroïne est Germinie, une servante hystérique, d'abord amoureuse de son confesseur, puis folle d'amour pour le jeune Jupillon, un affreux drôle sans cœur, un alphonse qui la ruine et pour qui elle en arrive à voler sa maîtresse. La crémière, mère de ce Jupillon, exploite, elle aussi, l'amour de cette fille, et elle forme son fils au métier d'alphonse. Les détails érotiques abondent, et *Germinie Lacerteux* est une confession de maritorne... Alors pourquoi cette préface? Pourquoi cette impertinente semonce au public?

Sans cette préface, *Germinie Lacerteux* serait un livre fort bien fait; avec elle, il est un défi ou une plaisanterie de mauvais goût envers le public.

Il y a dans ce livre un talent énorme; c'est fouillé, ciselé, étudié; le type de Mlle de Varandeuil est merveilleusement buriné, on dirait du Balzac.

Il me donne, ce livre, la réponse à une question que souvent je m'étais posée. Dans la collaboration de MM. de Goncourt, quelle était la part de M. Edmond de Goncourt? A présent, la *Fille Élisa* et la *Faustin* me fixent; dans *Germinie Lacerteux*, celui qui n'est plus avait esquissé ce type pur, chaste; ce type sympathique de vieille fille souffre-douleur, et conservant un cœur d'or : Mlle de Varandeuil était sortie du cerveau de Jules de Goncourt, et la cuisinière hystérique était fille de l'imagination d'Edmond de Goncourt.

En 1879, M. Edmond de Goncourt, livré à lui-même, dédoublé de son frère, écrit la *Fille Élisa*, description fort détaillée des lupanars modernes ; nécessairement il fait une préface et nous fait savoir que ce nouveau livre est écrit dans le même sentiment de curiosité intellectuelle et de commisération pour les misères humaines. Ceci, il doit le dire, le redire et le dire encore, s'il veut qu'une seule personne sur mille le croie; car dans son gros bon sens, ce public, moins bête que ne le suppose M. Edmond de Goncourt, se dira : Ce livre est fait pour la vente; après l'*Assommoir*, il fallait tirer l'échelle ou décrire les maisons à gros numéro. L'auteur a fait une spéculation, l'argent a été son but.

Les délicats et fins connaisseurs ont ajouté : Qu'il était fâcheux qu'une plume si habile et qu'un esprit de cette valeur se prostituassent ainsi.

Débuter par *Manette Salomon*, *Madame Gervaise*, *Sœur Philomène*, pour en arriver à la *Fille Élisa*, c'est suivre une marche descendante.

Dans la préface de cette fille, l'auteur, continuant son procédé, se moque du public avec une désinvolture étonnante et lui dit :

« Ce livre, j'ai la confiance de l'avoir fait austère et chaste (eh bien ! s'il avait voulu le faire non chaste, cela aurait été du propre !) sans que jamais un mot échappé à la nature délicate et brûlante de mon sujet apporte autre chose à l'esprit de mon lecteur qu'une méditation triste. Mais il m'a été impossible parfois de ne pas parler comme un médecin, comme un savant, comme un historien. Il serait vraiment injurieux pour nous, la jeune et sérieuse école de roman moderne, de nous défendre de penser, d'analyser, de décrire tout ce qui est permis aux autres de mettre dans un volume qui porte sur la couverture *Étude* ou tout autre intitulé grave. »

La nouvelle école! mais ce qui la distingue surtout de l'autre, c'est un orgueil pyramidal, un orgueil qui la grise à la faire rouler dans le ruisseau, ou à la faire aller se vautrer dans tous les mauvais lieux !

Voyez donc cet auteur qui, à propos de la *Fille Élisa,* vous dit avec un sérieux de maître d'école, qu'il lui a été impossible de ne pas *parler comme un médecin, comme un savant* et *comme un historien!*

Mais tout homme qui a fréquenté ces maisons possède cette science, seulement plus avisé il ne s'en vante pas.

Pour toute préface, ces sortes de livres devraient porter sur leur couverture ces mots : *Pornographie, saletés érotiques,* au moins l'acheteur serait prévenu.

M. Edmond de Goncourt écrit les *Frères Zemganno*... et fait une préface ! Pompeusement il fait savoir aux jeunes « que le succès du réalisme n'est plus dans le genre canaille qui vient d'être épuisé ».

Ceci dit, il y rentre bien vite.

Un jour, une affiche monstre, allant d'une maison à l'autre des grands boulevards, annonce aux passants ahuris que M. de Goncourt, le pontife, a écrit *la Faustin*. Sur tous les murs de Paris, ces deux mots : *la Faustin,* flamboient.

La nouvelle école pourrait prendre le titre d'*École à la grosse caisse.* Elle fait la parade à faire mourir de dépit nos charlatans.

Qu'est cette *Faustin* annoncée à son de trompe ? Le thème est vieux, c'est celui de l'artiste adulée par tous, qui n'a plus, une fois mariée, cette griserie de l'adoration, et qui regrette ses planches.

Ici, on ne retrouve plus même le grand talent de l'écrivain, une seule scène est faite de main de maître, c'est celle qui se passe chez le vieux helléniste Athanassiades... Celle de l'agonie est fausse; devant la mort, l'artiste, et même le cabotin, et même la fille, tout être humain enfin, se sent frémir dans sa fragilité humaine; si la pitié n'entre pas dans son cœur, l'angoisse et l'épouvante le prennent d'assaut.

Le caractère de lord Armandale est mal conçu, le laisser honnête homme était obligatoire à l'esprit de l'œuvre. Ici, choses aggravantes, les saletés, les détails érotiques sont hors cadre; on sent que l'auteur en a saupoudré son œuvre pour obéir au but poursuivi : le succès par le scandale...

Les amis d'Edmond de Goncourt devraient lui crier casse-cou ! et l'engager à reprendre la saine littérature, abandonnant ce genre dit naturaliste aux gens sans talent.

Que diriez-vous d'une personne qui, décrivant Paris, ne parlerait que de ses égouts, de ses bals de barrière, de ses souteneurs, de ses employés aux vidanges et de ses lupanars, et qui dirait : Voilà Paris ! Ne seriez-vous pas tenté de lui répondre : Oui, ceci est l'ombre de Paris, ceci en fait partie, mais les musées, les monuments, les Champs-Élysées, le Bois, les grands artistes, les hommes du monde, les gracieuses Parisiennes en font partie aussi.

Ne trouvez-vous pas que l'homme qui, décrivant Paris, ne parle que de ses égouts, doit être d'essence vulgaire, attiré par sa nature vers le vulgaire ?

Les études de nos prétendus naturalistes m'inspirent toujours cette pensée, et elles me font me souvenir des romans de Paul de Kock.

Quelle énorme distance entre ces hommes et Paul de Kock! Cet honnête homme aimait à rire, il copiait aussi la nature, mais en homme de goût; il était Gaulois, jamais immoral, il saupoudrait ses histoires de gros sel; les disciples de Zola vont chercher leur sel chez Richer.

GUSTAVE HALLER (FOULD)

D'ABORD, laissez-moi m'excuser de vous offrir un portrait qui ne donne qu'une bien vague idée de la beauté de Mᵐᵉ Gustave Haller.

Ce qui est le plus charmant chez elle, c'est une physionomie intelligente et rieuse, un regard profond, un sourire qui charme, des dents superbes; mais le dessin, qui rend bien certains visages, est inhabile à fixer ces beautés insaisissables, cette mobilité d'expression, ce je ne sais quoi qui séduit.

Souvent, en dessin comme en photographie,

la laide devient belle et la jolie perd cinquante pour cent de sa beauté. Mme Gustave Haller, quoique je ne la connaisse pas personnellement, m'est très sympathique; c'est une intelligence, une énergie et une volonté de fer au travail. Son œuvre prouve qu'elle a le feu sacré, un talent réel et qu'elle est admirablement bien douée. Son père, M. Simonin, un savant chimiste, lui a donné une excellente éducation et une instruction très étendue; toute jeune fille, il l'a même associée à ses travaux de restauration de vieux manuscrits. M. Simonin a fait une découverte précieuse qui permet de rendre lisibles les anciens manuscrits, et sa fille est dépositaire de ce secret; de ses blanches et mignonnes mains, elle a restauré plus d'un manuscrit de valeur.

Les savants rarement sont riches : la fortune est une gourgandine qui va souvent aux nullités, toujours aux indélicats, presque jamais aux savants et aux poètes.

N'ayant pas d'autre dot que son intelligence et son savoir, Valérie Simonin entra au Conservatoire; elle en est sortie avec le premier prix de comédie; elle a débuté à l'Odéon dans l'*Honneur et l'Argent*.

Elle y obtint un brillant succès et fut bientôt jugée digne de jouer sur la première scène du monde; pendant quatre ans, elle a été pensionnaire du Théâtre-Français et en même temps élève de Carpeaux et de Mathieu Meusnier; elle a exposé plusieurs œuvres très remarquées au Salon de Paris. Une tête de bacchante fixa surtout l'attention des connaisseurs.

S'étant mariée avec M. Gustave Fould, Valérie Simonin dut renoncer au théâtre.

Mais celui ou celle qui sent en lui le feu sacré ne se résigne pas facilement à cette vie d'oisiveté que mènent les inutiles. Sous le pseudonyme de Gustave Haller, Mme Fould, sans cesser de s'occuper de sculpture, car nous aurons cette année même une œuvre d'elle au Salon, s'est lancée résolument dans l'arène littéraire. Un de ses premiers ouvrages, l'*Enfer des femmes*, a fait beaucoup de bruit, et il a posé son auteur en écrivain de talent.

Elle a publié dans la *Presse* un roman écrit avec beaucoup de verve et une grande finesse d'aperçu; il était intitulé : le *Professeur d'amour*.

Un autre roman d'elle a obtenu un grand succès aussi, c'est *Sternina*, écrit dans le genre anglais.

Dans le *Paris-Journal*, ses chroniques de *Cendrillon* ont attiré l'attention.

En octobre 1875, Gustave Haller a publié chez Calman-Lévy un roman intime, avec préface de Georges Sand et un dessin de Carpeaux; ce livre, intitulé *les Bluets*, a obtenu un si réel succès qu'en peu de temps douze éditions furent enlevées.

L'an d'après, son livre fort curieux, *Vertu*, en arriva, lui aussi, rapidement à sa huitième édition.

Mais le théâtre attire cet écrivain et cette artiste.

En 1870, elle a fait jouer à l'Odéon une comédie en quatre actes, pleine d'esprit et de gaieté; voici ce que notre regretté roi de la critique, J. Janin, en dit dans son feuilleton des *Débats* du 10 février 1870 :

« La jeune Gustave Haller, du *Médecin des*

dames, fut d'abord une très jeune fille pauvre et bien née; elle était très habile à restaurer les vieux livres. D'un bouquin chargé de rouille et gonflé par la pluie, elle faisait un exemplaire digne de la bibliothèque d'Auguste de Thou et de Chrétien de Lamoignon. A cette profession libérale entre toutes, elle a fort bien gagné sa vie, et maintenant, par un nouvel effort, la voilà qui, d'une plume habile, écrit, en se jouant, la comédie; et chacun d'applaudir... et nous autres qui l'avons suivie en toutes ses métamorphoses, nous ne sommes pas étonnés le moins du monde que le *Médecin des dames* ait réussi par sa gaieté, le naturel et, disons tout, par l'invention. »

Voici certes des éloges, J. Janin n'en était pas prodigue, et ces lignes sont un des meilleurs garants de la valeur de Gustave Haller.

L'été dernier, tout Paris a été voir le *Duel de Pierrot*. Cette pièce, fort bien faite, très goûtée du public, a été aigrement discutée par quelques journalistes... Pensez donc! une femme qui sculpte, c'est déjà irritant; une femme qui écrit de jolis romans, c'est exaspérant, et si par-dessus le marché elle s'avise encore d'écrire de bonnes pièces, alors que quelques hommes en écrivent d'ineptes, voilà certes trois fois plus qu'il n'en faut pour faire naître des colères vertes dans le camp barbu!

Calmez-vous, messieurs, la colère vous rend moins beaux encore; de plus elle est mauvaise conseillère.

Prenez-en votre parti... il y a passablement d'hommes nuls et il y a quelques femmes de valeur. Mme Gustave Haller en est une; c'est un caractère et une intelligence.

J'espère qu'en dépit du courroux de la gent masculine, il nous sera bientôt donné d'applaudir encore une de ses charmantes comédies.

Comme sculpteur, romancier et auteur dramatique, Gustave Haller est quelqu'un, sa personnalité est nettement dessinée; elle a trois dons, et ceux qui la connaissent jurent qu'elle en a un quatrième, celui de charmer ses amis par sa franchise, son affabilité et son esprit primesautier.

VICTORIEN SARDOU

La première pensée qui se présente à mon esprit, en esquissant le portrait de Sardou, c'est celle-ci : Molière avait un grand génie !

— Si c'est une nouvelle que vous croyez nous donner, vous tombez en droite ligne de la lune.

Voilà la riposte que vous allez me faire ou que vous pourriez me faire.

Eh bien ! vous auriez tort. Comment voulez-vous que cette pensée ne m'obsède pas, en parlant de notre théâtre moderne, alors que, sauf Victor Hugo, pas un de nos auteurs dramatiques, n'a eu le souffle assez puissant pour donner la vie à ses personnages et pour créer des types vrais?

Pour être juste avec Dumas fils, je dois dire qu'il en a créé un, celui de la courtisane bonne fille; mais l'ami des femmes; Claude, le mari savant et déshonoré; Mme Aubray, Jeannine et autres, n'ont pas de vie : ce ne sont que des avortons mort-nés.

Tous les jours nous applaudissons des comédies.

Nos auteurs dramatiques gagnent en une année plus d'argent que Molière n'en a gagné pendant toute sa vie; ils vont à l'Académie, et Molière n'en fut pas, et alors que Tartufe est encore le synonyme du bandit se taillant un manteau dans la religion; Arsinoé, de la vieille femme jalouse qui, désolée de ne pouvoir plus pécher, trouve le péché une chose abominable, horrible! alors enfin que tous les vices, les travers, les ridicules du grand siècle ont été personnifiés dans un des personnages de Molière, et que, Lucile français, il a présenté le miroir à ses contemporains; nos auteurs modernes n'ont point, en eux, une seule parcelle de ce génie créateur; leurs personnages ne sont que de pâles copies de modèles pris de ci et de là, ou, pire encore, ne sont que des ombres vagues et confuses entrevues par leur cerveau chauffé à blanc.

Victorien Sardou, dont je m'occupe aujourd'hui, est un homme de talent et surtout un homme heureux; il a de l'esprit, mais a-t-il du génie?

Non, le propre du génie c'est d'être créateur, c'est de posséder le souffle vital, et Sardou le possède si peu qu'il doit vous être arrivé à tous ce qui m'est arrivé à moi-même. J'ai vu plusieurs fois toutes les œuvres de cet auteur, elles m'ont plu; à les entendre, à les lire même, j'ai éprouvé un grand charme... mais huit jours après, l'impression reçue s'effaçait de mon esprit, tous les héros et héroïnes ne se présentaient plus à ma pensée qu'à l'état de vagues et confus souvenirs et de photographie effacée; et voici pourquoi : Sardou s'adresse plus à l'esprit qu'au cœur.

Aujourd'hui, des pièces jouées, les titres seuls

sont présents à ma mémoire. Aucun passage saillant n'est resté en mon souvenir; pour en parler, je dois les relire. Elles ne m'ont rien appris, elles ne m'ont inspiré aucune noble pensée; ce sont des pièces répondant à un besoin du moment et vieillissant d'un hiver à l'autre.

Il est des pièces de Shakspeare, de Molière et de Victor Hugo que je n'ai eu la chance de voir jouer qu'une fois. Eh bien! les héros de ces pièces hantent mon imagination, je les hais ou je les aime tout comme s'ils avaient vécu, et tout comme s'ils avaient accompli les actes que ces auteurs leur ont prêtés. Ceci, à mon humble avis, constitue la différence entre le génie et le talent.

Les œuvres géniales sont immortelles, les autres ont la durée éphémère des choses futiles de la mode.

Mais, en ce qui est du talent et de l'habileté, Victorien Sardou en possède une somme énorme.

Nul ne connaît aussi bien que lui l'art de saisir le moment; il tire parti avec une adresse

merveilleuse de l'impression du jour. Il connaît
admirablement ce public parisien, — fort mobile, et qui aime, comme un grand enfant qu'il
est, à être amusé toujours et sans cesse. Et
Sardou n'écrit pas pour obéir au besoin de donner
l'essor à une idée ou pour fustiger un vice,
moins encore pour créer un type rêvé par lui
et fils de son cerveau. Non, il écrit tout simplement pour amuser son public parisien. Ses
pièces font recette, les directeurs sont satisfaits, lui encaisse des millions, et il est fort content.

Voyez avec quelle adresse il choisit ses sujets,
selon les instants.

Sous l'empire, les mœurs étaient... Régence,
on aimait le leste... la scène risquée plaisait.
Vite Sardou donne *Nos Intimes*. Le clou de
cette pièce a été bien certainement cette scène
où la jeune femme, attaquée brutalement par
un amour bestial, devait se réfugier derrière les
meubles.

Au paradis, on criait : *Il la violera ! il ne la violera pas !*... Les vieux à crânes luisants des fau-
teuils d'orchestre prenaient des airs de satyres ;

les femmes, souriantes, cachaient, pour la forme, leur visage derrière l'éventail.

Tout Paris a voulu voir cette scène; de là un nombre incalculable de représentations, un bénéfice énorme réalisé.

Le moment est-il à la politique, ce grand enfant de Parisien abandonne-t-il la grivoiserie pour la lutte politique, vite Sardou écrit *Rabagas*. Est-ce par conviction? Non, on ne sent pas dans cette pièce le moindre grand souffle qui parte d'un esprit ou d'un cœur convaincu. C'est l'aimable satire d'un esprit aimable tant soit peu caustique et d'un très habile faiseur de comédies, connaissant admirablement l'art de bien charpenter une pièce, de mouvementer l'action, de faire un dialogue vif et spirituel ; mais c'est tout.

Dans un moment la réaction lève le nez ; il est de mode de tourner le libre penseur en ridicule. Sardou saisit sa plume. Voilà, pense-t-il, une bonne occasion de convertir en bons écus comptants la sotte manie des hommes ne voulant pas du *Syllabus*. Et il nous donne, au Théâtre-Français, le type bâtard de ce grand homme pour rire, de ce philosophe à tant l'aune refusant le mariage religieux bien plus à cause de son parti qu'à cause de ses convictions, et jouant un rôle très sot.

Cette fois-ci, la spéculation n'a point été très lucrative ; la religion dans ses dévots n'a point assez payé. *Daniel Rochat* n'a point eu d'aussi belles recettes que les autres pièces de Sardou. Sa comédie de l'*Oncle Sam* est, comme toutes ses comédies, bien faite, en tant que forme, ficelles, entente de la scène. Mais y a-t-il une idée en cette œuvre? y a-t-il un but, la censure vraie d'un vice? Est-ce la peinture exacte des mœurs d'un peuple?

Rien de tout cela. Avec son habileté habituelle, Victorien Sardou a collectionné toutes les charges faites par les uns et par les autres, et surtout par ceux qui ne connaissent pas l'Amérique, et de tout cela il a fait sa pièce, qui ressemble un peu à une lanterne magique faisant passer rapidement devant les spectateurs des esquisses hâtives, des charges bonnes ou mauvaises.

La scène du duel entre Robert, marquis de

Roquemore, et Fairfax, scène qui forme le dénouement de la comédie, est ridicule, indigne de figurer dans une œuvre sérieuse, indigne de représenter les vraies mœurs du peuple américain.

Et quelle logique! Les mœurs des jeunes filles américaines y sont mises en charge et dénaturées; Sardou les crible de railleries, il en fait ressortir l'odieux, puis, en conclusion, Sarah, l'excentrique Sarah nous est présentée par lui comme une fort honnête fille, que le marquis de Roquemore se trouve fort heureux d'épouser.

C'était bien la peine, alors, de dépenser tant de verve et d'aigreur pour fustiger ces filles de la grande Amérique!

Dans les *Pattes de mouches*, il y a une somme énorme de talent, chaque scène est un petit tableau admirablement bien agencé, l'esprit y fourmille; mais tout comme les *Ganaches*, cette comédie, exclusivement parisienne, n'ira pas à la postérité; en province et à l'étranger, elle perd le cent pour cent.

Dans celle-là, pas plus que dans les autres, aucun type n'a été créé.

Molière, le grand Molière, ne pourra décidément jamais être égalé.

La *Famille Benoiton*, qui eut un grand succès, a visé ces femmes mauvaises mères de famille, mondaines à outrance, désertant la maison pour courir chez leurs couturières; elle a fustigé aussi les jeunes filles que nous appelons élevées à l'anglaise. Selon moi, ce qui a largement contribué au succès de cette pièce, ce fut le rôle de Fanfan, ce petit gamin précoce jouant à la hausse, pratique comme un vieux Yankee, en fait de joujoux achetant des coffres-forts solides.

Camille Clermont, la belle jeune fille dont nous applaudirons bientôt la belle voix, joua, à six ans et demi, ce rôle avec une telle verve, un tel aplomb et une si adorable gentillesse, que tout Paris voulut aller applaudir ce charmant enfant prodige.

Victorien Sardou est un savant faiseur de comédies plus qu'un grand écrivain; il me fait l'effet de viser à la recette; pour cela il veut plaire à la foule (car la foule, et non les rares connaisseurs), fait le succès brutal, celui qui fait dire aux directeurs : « Un tel fait toujours recette. »

Je crois que si un jour, satisfait des millions gagnés, il veut, ne plus se faire le serviteur du public, ne plus se préoccuper de la masse bourgeoise, s'il écoute enfin l'inspiration, s'il appelle à lui la muse, il pourra nous donner une œuvre réelle, qui ne soit plus faite de petits tableaux bien léchés, avec des couleurs s'harmonisant bien et surtout ne se heurtant pas, rappelant la peinture sur porcelaine, mais n'ayant rien de commun avec le grand art. Oui, j'ai l'espoir qu'un jour Sardou voudra bien penser qu'il se doit à lui-même de faire une œuvre personnelle, vivante, vécue, une œuvre géniale, celle-là peut-être sera sifflée et ne fera pas recette, mais après avoir tant travaillé pour sa cassette, pour les directeurs et pour le public bourgeois, qu'il travaille un peu pour ce grand maître : l'*art*. Je me permets de lui donner cet humble avis.

Victorien Sardou est né à Paris en 1841, disent les dictionnaires ; moi, j'ai entendu dire par des amis de sa famille qu'il est né au Canet, dans le Var.

Il a eu le bonheur d'avoir un père instruit, qui a été un professeur distingué, et qui est encore un auteur de talent ; il habite Nice depuis plusieurs années.

La mère de Victorien Sardou est une femme d'une grande intelligence, c'est une de ces rares femmes de valeur, n'ayant d'autre ambition que celle d'aider ceux qui leur sont chers à arriver à la célébrité ; elle a été pour son fils un excellent conseiller.

Machiavel a dit que la nécessité rendait les hommes ingénieux.

Il aurait pu ajouter que douleurs morales ou froide misère sont nécessaires à l'épanouissement du génie, et même du talent.

Ceux qui naissent riches et heureux rarement deviennent de grands hommes ; les plaisirs de la vie s'offrent à eux, et loin de les repousser, ils s'y jettent à corps perdu. Mais les déshérités de cette traîtresse et capricieuse fortune, ceux qui sont étreints par la dure nécessité, vivent moins de la bête et plus de l'esprit. S'ils ont une intelligence forte, ils deviennent des artistes, des écrivains, et quelques-uns gravissent jusqu'aux cimes du génie. On dirait que Dieu venge les déshérités de la fortune en leur accordant la gloire.

Victorien Sardou, en 1854, n'était pas riche, il devait donner des leçons pour vivre ; mais sous ses traits efféminés, il cache une rare énergie, c'est un travailleur tenace, un persévérant.

Les hommes appellent la barbe le signe de la toute-puissance, et cependant la race des imberbes est généralement énergique et très mâle.

Sardou, sans se laisser décourager par ses premiers insuccès, a persévéré avec opiniâtreté dans la carrière si difficile d'auteur dramatique. Pendant dix ans les directeurs ont refusé ses pièces avec une entente cordiale. Enfin il trouva deux bonnes fées sur sa route ; la première lui donna sa fille en mariage et, en plus, une certaine aisance ; la seconde, la grande Déjazet, lui donna un scène pour se faire jouer.

La fortune, femme aussi, l'a comblé de faveurs; avec trois fées pour protectrices, comment n'arriverait-on pas?

Pour me résumer dans cette étude déjà un peu longue, je dirai ceci : Sardou n'a pas de personnalité propre, il est le reflet ou la photographie du goût parisien.

ARSÈNE HOUSSAYE

Ce qu'il a été.
Riez, bons bourgeois matérialistes, ayant une âme encore si empêtrée dans la chair qu'elle ne se sent pas vivre.

Riez, riez tant qu'il vous plaira.

Riez, sceptiques frivoles dont la pensée, volant sans cesse de futilité en futilité, n'a pas le temps d'écouter la voix de l'âme.

Riez, hideux jouisseurs absorbés par les appétits de la chair; riez pour ne pas pleurer sur vous-mêmes et continuez à prendre l'horizon pour l'infini.

Riez, riez, riez tant que vous voudrez, vos

éclats de rire m'amusent... je me dis : Rira bien qui rira le dernier.

Riez... mais ce qui est sera vrai, malgré votre ignorance ; le corps n'est qu'une sorte de robe donnée à l'âme ; la robe usée, l'âme la rejette et remonte vers les sphères infinies.

Riez, mais ceci encore est vrai, l'âme pérégrine des siècles et des siècles ; elle est enfermée nombre de fois dans des corps humains.

Si la réincarnation vous trouve incrédules, c'est que la logique elle-même ne saurait vous convaincre.

Avec une vie unique, voici ce que ferait le Créateur suprême. — Il naît et il meurt un humain par seconde ; il serait donc créé 3,600 âmes par heure, 86,400 par jour, 31,536,000 par an, soit 3,150,360,000 par siècle, et cela dans toutes les planètes et pendant des milliers de siècles !

Mais l'immensité finirait par être encombrée par cette innombrable création !

D'après les catholiques, il ne peut pas y avoir plus d'un élu pour dix mille damnés.

Dieu ferait, par conséquent, cette création fantastique d'une âme par seconde pour l'atroce plaisir de transformer l'immensité en un immense enfer!

Votre Dieu implacable est une réminiscence du paganisme, et ce n'est pas le Dieu de Jésus, tout amour et miséricorde.

Avec l'unité de vie, les âmes sont si diverses d'essence que l'âme obtuse serait en droit de dire au Créateur : Tu n'es pas juste ; si tu m'avais donné l'âme lumineuse de Chateaubriand, de Lamartine ou de Victor Hugo, je n'aurais pas été un vulgaire jouisseur, et je ne serais pas dans l'enfer éternel.

La croyance à l'unité de vie n'est pas logique, elle est contraire à l'idée vraie d'un Dieu juste et bon.

La vérité doit être ceci : L'âme, à sa création, est comme le bloc de marbre choisi par l'artiste, et que chaque coup de ciseau transforme en œuvre d'art et de valeur ; les vies humaines sont des creusets où elles s'épurent.

Ce qu'on appelle vocations ne sont que des ressouvenances.

Nous avons tous vécu et nous vivrons encore.

Arsène Houssaye, j'en ai la conviction profonde, doit à ses vies antérieures d'être aujourd'hui ce qu'il est : une intelligence encyclopédiste, une âme lumineuse, un esprit fin, délicat et charmant.

Comme poète, ses œuvres, de plein droit, peuvent prendre place à côté de celles de Musset; comme critique, il surpasse Sainte-Beuve; il a été l'historiographe érudit du xviiie siècle, le biographe à la Juvénal du 41e fauteuil; lui seul a bien connu les vertus comme les vices de la femme; il lit en son cœur comme dans un livre ouvert; il est excellent romancier, et vous croyez qu'une seule vie lui a suffi pour pouvoir être tout cela! Quelle erreur! Croyez bien qu'il doit ses sciences multiples à des vies multiples; sa personnalité, aujourd'hui si haute, si originale et si personnelle, a mis des siècles à se former.

Qu'a-t-il été?

Il a dû vivre dans l'antique Grèce; Praxitèle ou Phidias lui aura enseigné le grand art à la beauté calme et lumineuse, et lui en aura appris toutes les règles...

Comment s'appelait-il, alors? peut-être Théocrite.

Aujourd'hui, il se souvient encore de son étape en Grèce; dans son bon poème *Sapho*, il fait revivre tels qu'ils étaient tous ces Grecs héroïques; la *Sapho* qu'il nous donne est si vivante, que c'est à croire qu'il l'a connue et aimée. Dans son volume *Fresques et bas-reliefs*, il a refait avec un art infini, une délicatesse extrême et avec mille rythmes brillants, les toiles de Zeuxis et les marbres de Praxitèle.

Il a dû vivre une vie dans le faste oriental, et je me figure parfois qu'il a été ce beau et chevaleresque sultan Saladin, qui, par son grand caractère, sa générosité et sa gentilhommerie, était adoré des Orientaux et forçait même l'estime et la sympathie des seigneurs chrétiens.

Ce sultan légendaire aimait le luxe; son palais était une merveille; il adorait la beauté plastique; il était beau, brave, généreux; sa figure se détache lumineuse et tout ensoleillée du chaos des siècles disparus.

La figure d'Arsène Houssaye se détachera, elle aussi, belle, lumineuse et sympathique de notre grand xixe siècle. Nouveau Saladin, il est beau, d'une beauté attractive, grand, la taille élégante; ses traits ont la régularité antique, son front est immense comme tout front de penseur; ses cheveux longs, soyeux, bouclés, sont d'un blond couleur vieil or; ses grands yeux d'azur ont un regard profond qui semble s'enfoncer dans les mystères du passé et dans ceux de l'avenir; mais lorsque ce regard se fixe sur vous, il est franc, loyal et souriant; l'expression habituelle d'Arsène Houssaye est une mélancolie calme; il y a en lui du rêveur et du philosophe...

Son âge? je l'ignore; mais il est de ceux qui restent toujours jeunes, n'étant ni sceptique au bien et au beau, ni sceptique à l'amour. Si les années ont mis des fils d'argent dans sa blonde chevelure, elles ont laissé son cœur et son esprit dans toute leur verdeur.

Un trait distinctif de la nature de ce charmant poète, c'est qu'il a horreur du laid et du vulgaire; le beau artistique est un besoin de sa nature, il est inné en lui. Saladin vivait dans un palais féerique; revenu dans notre siècle et s'appelant Arsène Houssaye, il vit dans un hôtel qu'il a orné de belles statues, de beaux tableaux et des vieilles tapisseries des Gobelins; ce luxe artistique lui est si indispensable, que s'il était transporté dans un logis bourgeois et vulgaire, il s'étiolerait et mourrait, tout comme la fleur détachée de sa tige se fane et meurt.

Tout Paris se souvient des fêtes splendides qu'il a données dans son hôtel de l'avenue Friedland; dans sa belle galerie, dans ses grands salons, au milieu des statues et des coupes de Sèvres, se pressaient ambassadeurs, princes, grands artistes, écrivains illustres, poètes incompris, écrivassiers sans talent, grandes dames, grandes comédiennes; un éblouissement de lumière éclairait cette foule; le champagne coulait à flots; profusion et luxe étaient la loi suivie par ce second Saladin.

Un détail qui peint bien la nature d'Arsène Houssaye, nature faite de bienveillance, c'est celui-ci : On lui reprochait d'inviter une foule de bohèmes manquant de talent, de tenue et d'argent; mais, répondait-il : Il faut bien que ces pauvres jeunes gens s'amusent un peu; voyez comme ils sont heureux, ils boivent mon champagne avec un entrain qui fait plaisir à voir, et mes cigares de La Havane s'engouffrent dans leurs poches avec une rare dextérité ; je donne des fêtes surtout pour ceux qui en sont privés.

Lorsque à ces fêtes je voyais Arsène Houssaye se promenant, avec son bon sourire, au milieu de ses invités qu'il dominait par son grand air, lorsque je le voyais laisser gaiement mettre au pillage ses buffets et ses coupes remplies de cigares, lorsque je constatais combien ce luxe artistique et cette générosité folle seyaient bien à sa personnalité, je me disais : C'est le sultan Saladin réincarné parmi nous !

Il a dû vivre une autre de ces vies en Italie; là, il a dû être un grand peintre, Léonard de Vinci peut-être, et c'est pourquoi il a fait, une fois réincarné au XIXe siècle, une histoire si vivante de ce grand artiste. Victor-Emmanuel, après avoir lu l'*Histoire de Léonard de Vinci*, écrivit une lettre de félicitation à Arsène Houssaye et lui envoya le grand cordon de l'ordre italien.

A cette incarnation, il a acquis ce profond sentiment de l'art, qui lui a fait écrire deux ouvrages des plus remarquables : l'*Histoire de la peinture hollandaise* et l'*Histoire de l'art français*.

Léonard de Vinci, grand peintre, sculpteur, architecte, était aussi un excellent écrivain ; il a écrit des poésies et un livre sur l'art. Houssaye dessine et peint ; il est un de nos meilleurs critiques d'art ; il possède à un très haut degré le sentiment esthétique. Son amour pour le grand art l'a poussé à fonder ce superbe journal intitulé *l'Artiste*, qui suffirait à sa gloire, s'il n'avait pas fait nombre d'autres œuvres de valeur.

Je vais faire crier à l'invraisemblance par bien de mes lecteurs, Arsène Houssaye, seul, dira : « C'est bien possible. »

Il a dû être femme dans une de ses incarnations ? car il a de la femme la délicatesse, le tact, et il connaît la femme dans les replis les plus secrets de son âme, comme nul homme ne l'a jamais connue.

Quelle femme a-t-il été ?

Une vague intuition me dit qu'il a été la belle et tendre La Vallière. Aujourd'hui homme, il lui reste de cette vie l'amour, le raffiné, la délicatesse des sentiments, la connaissance du cœur féminin et cette douce mélancolie poétique. Cette grande amoureuse n'avait pas eu son apologiste; d'instinct il s'est senti poussé à réparer cet oubli; son livre sur Mlle de La Vallière est plus qu'une étude, c'est une résurrection morale de cette charmante femme.

Le xviiie siècle est aussi écrit de main de maître, c'est une étude philosophique remarquable : présidentes, marquises, Crébillon, Gentil-Bernard, Laclos et Sophie Arnould, ont trouvé en lui le seul protraitiste capable de faire ressemblant.

L'œuvre d'Arsène Houssaye est un décaméron irradié et joyeux où les baisers sont chastes comme la sainte jeunesse, le sourire illumine tout, la chanson du renouveau y est chantée par des voix vibrantes et mélodieuses.

Dans l'*Étoile du moment*, on trouve dans un tour symbolique des traits inattendus et une subtilité passionnée.

Dans le *Quarante et unième fauteuil*, Arsène Houssaye se hausse à Juvénal, mais un Juvénal poli et *parisianisé*.

Dans *Mariani*, il montre la passion dans toute sa force.

Dans ses romans des *Grandes Dames*, il présente le miroir aux belles pécheresses de Paris.

Il est une partie de l'œuvre de cet auteur qui résume bien le genre de son talent ; c'est celle intitulée *Philosophes et Comédiennes;* on y admire une grande désinvolture, une fraîcheur charmante ; il y peint des portraits qui rappellent Léonard de Vinci; en voici un qui est comme la synthèse du moi et du talent de cet écrivain. Deux enfants se roulent sur la dépouille d'un tigre, à côté d'eux on aperçoit les osselets que viennent de quitter les joueurs. Non loin d'eux, un couple amoureux s'abandonne à l'ivresse du vin de Chypre, qu'il boit dans des coupes ciselées ; c'est Horace et Lydie remplaçant une ivresse par une autre. Derrière eux, demandant un demi-mystère au vert feuillage, deux autres amoureux rapprochent leurs lèvres fraîches, mais altérées de baisers. A gauche, revêtu de la chlamyde, chaussé de sandales, un philosophe enseigne à un jeune Athénien les principes du monde, l'unité universelle; se tenant un peu à l'écart, une femme jeune et belle, d'une beauté radieuse, écoute la leçon : ces trois personnages, on le devine, sont Socrate, Alcibiade et Aspasie; un prêtre étend les mains sur ces couples pour les bénir, les accords d'une lyre se mêlent au chant du rossignol. Cette harmonie douce, grave et sereine, c'est la Grèce antique admirablement comprise par le poète des *Cent et un sonnets.*

Arsène Houssaye est un penseur dont la pensée aime à voler seulement sur les choses belles ; il aime les contrastes harmoniques et non heurtés ; il a le sentiment de la mesure et du goût ; le convenu et le vulgaire lui font horreur.

Il est tout cela... et... il n'est pas de l'Académie; il a été inspecteur des beaux-arts, il a rendu aux arts de réels services, il a découvert des statues, il a fait mille choses grandes et utiles, et... les immortels ont accueilli le duc d'Aumale ; ils ont rendu immortel Émile Ollivier, l'homme au cœur léger et au bagage littéraire plus léger encore... et ils n'ont pas prié Arsène Houssaye de leur faire l'honneur d'être des leurs. Quand donc laissera-t-on ces quarante dans l'ombre qui leur siérait si bien et fera-t-on une réelle académie composée de nos grands écrivains?

On a dit d'Arsène Houssaye qu'il était un beau poème en action, ceci est exact; j'ajoute que chez lui, le style c'est l'homme. Sa personnalité cadre bien avec son œuvre, et son œuvre est l'expression parfaite de sa haute et sympathique personnalité.

PAUL DE CASSAGNAC

PAUL DE CASSAGNAC est né en 1843, il n'a pas encore quarante ans; et pourtant, depuis dix-huit ans, il est une des personnalités les plus en vue, les plus bruyantes et les plus curieuses de ce grand Paris, si riche cependant en personnalités; chez lui, la valeur et la fougue n'ont point attendu le nombre des années.

En parlant de Paul de Cassagnac, je suis amenée à faire une réflexion, c'est celle-ci : on pourrait bien avoir raison en défendant la politique aux femmes; pour mon compte, je me sens complètement incapable de me mettre au diapason des hommes s'occupant de politique. Voici leur procédé : tous ceux qui ne pensent pas comme eux sont des imbéciles ou des gredins, à qui ils adressent des injures et des gros mots. De parti pris, ils louent tout ce que font les hommes de leur camp, et ils blâment systématiquement tout ce que font les hommes des autres camps politiques. Cette manière de voir est sans doute aussi adroite qu'intelligente, mais elle n'est pas dans mes faibles moyens, car j'ai la naïveté de penser qu'on doit être juste et impartial surtout avec ses ennemis. J'ai horreur des ambitions politiques; mais les opinions sincères me paraissant innées dans l'esprit de l'homme, je les respecte tout en les combattant.

En faisant la silhouette de Paul de Cassagnac, je vais en conscience dire ce que je pense de son esprit, de son cœur et de sa nature. Son opinion politique, qui n'est certes pas la mienne, ne me rendra pas partiale.

J'ai connu Paul de Cassagnac en 1864, il avait 21 ans; il débutait dans la littérature, et moi aussi : je venais de publier une étude sur les sérails turcs et sur les lois qui régissent les femmes musulmanes ; il rendit compte de ce livre et me fit un joli *éreintement ;* je dépoétisais l'Orient, je lui enlevais son originalité pittoresque, je faisais de Stamboul une sorte de faubourg de Paris, etc., etc. Son *éreintement* était spirituel et gai; loin de me fâcher, j'écrivis un mot au jeune critique, il vint me voir à mon journal. Depuis lors, tout en étant d'opinion diamétralement opposée, nous avons toujours té bons camarades. Sous l'empire, j'attaquais violemment l'empereur. Cassagnac a jugé, comme moi, que les opinions étaient libres, et jamais il n'a pris texte de cela pour m'injurier dans son journal ; au contraire, il a toujours fait des comptes rendus très bienveillants de mes œuvres littéraires, se souvenant qu'on n'est tenu qu'à plus de courtoisie envers ses ennemis politiques.

Cassagnac a une excellente nature ; il est bon, chevaleresque et charmant garçon ; pourtant, il a eu, me dira-t-on, un nombre incalculable de duels, et il est devenu une sorte de spadassin. Ceci est vrai, mais l'esprit de justice me force à constater aussi que c'est d'abord l'amour filial qui lui a mis les armes à la main ; son père, Granier de Cassagnac, était insulté avec une violence, une âpreté et une ténacité inouïe ; le fils indigné a voulu venger l'honneur de son père ; rien de plus honorable, selon moi, que ses premiers duels; mais ils ont eu une influence fatale sur ce jeune homme : ils ont développé en lui cet emportement et cette violence qui font de lui le Veuillot de l'impérialisme... l'autre Veuillot, celui de l'*Univers*, a insulté, a distribué des coups de boutoir de droite et de gauche ; et lorsqu'il s'est agi d'accorder les réparations demandées, il s'est retranché derrière ses principes chrétiens. S'il était un vrai chrétien, il mettrait en action les principes du Christ : « Ne faites pas aux autres ce que vous ne voudriez pas qu'on vous fît ; » il n'aurait pas insulté, il aurait montré un peu de cette charmante douceur évangélique. Je le déclare hautement, je préfère, et de beaucoup, le Veuillot impérialiste, répondant par ses témoins aux témoins qu'on lui envoie, que le Veuillot de sacristie. Une fois sorti de sa nature, Paul de Cassagnac, qui est grand garçon, brun, taillé en hercule et très sanguin, est devenu violent dans la politique; au lieu de lancer un trait d'esprit, il a lancé des pavés et des gros mots; mais ce qui est le point distinctif de cette nature curieuse, c'est ceci : Paul de Cassagnac s'emballe comme un cheval de race; une fois emballé, il devient plus dangereux pour son propre camp que pour ses adversaires; si bien que, bonapartiste enragé, il a donné parfois plus de tracas à l'empire qu'un journaliste de l'opposition; exemple, son fameux article sur le discours du prince Napoléon au Sénat en septembre 1869, article si injurieux que le ministre le désavoua.

On pourrait dire de lui, ce qu'on dit de certains légitimistes, plus royalistes que le roi; lui a été toujours plus impérialiste que l'empereur lui-même... Celui-ci a fait son coup d'État poussé par l'ambition, mais il n'aurait point osé écrire ceci : La légalité, les lois violées !

Qu'est-ce que cela fait au peuple lorsqu'il n'en veut plus !

Et Paul de Cassagnac a écrit ceci dans le *Pays*.

Pourquoi était-il si endiablé impérialiste?
Par ambition, disent beaucoup de gens!

Eh bien! non, je vais être indiscrète, au risque de m'exposer à recevoir ses témoins. Il a été cet impérialiste fougueux, enragé, violent... poussé par un amour ardent... Il avait vingt ans, il vit l'impératrice encore dans toute sa beauté séduisante, il fut ébloui et frappé au cœur; il se ressouvint des galants et preux chevaliers, gardant enseveli dans leur cœur le doux secret d'un amour fou, mais prenant les couleurs de leur dame et guerroyant d'estoc et de taille pour elle, qui souvent n'en savait rien.

Paul de Cassagnac a pris la couleur impériale, la violette est devenue sa fleur aimée... Emballé par son amour, il assommait à coups de plume tous ceux qui osaient toucher à l'empire, c'est-à-dire qui essayaient d'ébranler le trône de celle qu'il avait prise pour divinité; et, plus amoureux que fin politique, il embarrassait parfois très fort les ministres de Napoléon III.

L'impératrice connaissait-elle ce secret? Je ne le pense pas; mais elle était femme, et elle avait dû le pressentir rien qu'en sentant peser sur elle les regards brûlants du jeune rédacteur du *Pays*. Un jour, il m'en souvient, pendant toute la durée des courses au bois de Boulogne, placé à une respectueuse distance, il avait contemplé la noble dame de ses pensées ; puis à la sortie, voulant mourir devant ses yeux, il vint se placer sur le passage des roues de l'attelage impérial ; l'impératrice sourit et d'un petit coup d'ombrelle, elle força l'imprudent à se garer.

J'avais lu ce secret dans les regards de mon confrère, je l'avais deviné à l'émotion qui faisait trembler sa voix alors qu'il parlait de l'impératrice. Aussi j'étais remplie d'indulgence pour ses violences bonapartistes ; et lorsque l'impératrice a été détrônée et exilée, j'ai trouvé tout naturel qu'en chevaleresque chevalier il fût plus impérialiste que jamais. Mais le petit prince mort, l'homme du discours d'Ajaccio, l'homme du discours au Sénat en septembre 1869, l'homme des dîners du vendredi saint, cet homme si souvent insulté par lui, devenant prétendant à l'empire, je n'ai plus compris Cassagnac ; il s'en est tiré par ce faux expédient : « Qu'il abdique, nous voulons son fils! » A ce moment-là, de combien aurait-il été mieux inspiré de dire : Pour moi, l'empire est mort, la légende est finie, je porterai un deuil respectueux du passé, mais je me rallie au gouvernement que la France s'est donné ; et moi, partisan du suffrage universel, je deviens républicain, me réservant de siéger parmi les républicains conservateurs. — Il aurait été bien accueilli, on se serait souvenu de sa vaillante conduite au 1ᵉʳ régiment de zouaves, nous aurions eu un bon Français de plus, tandis que nous avons un furieux partisan de l'empire. Mais quel empire ? Pour faire un empire, il faut généralement un empereur ; tout comme pour faire un civet, il faut un lièvre. Cassagnac ne voulant pas reconnaître le prince Napoléon, on se demande s'il veut essayer d'établir la dynastie des Cassagnac.

Quoi qu'il en soit, Paul de Cassagnac est une des personnalités, je le répète, des plus en vue et des plus bruyantes de Paris, il est quelqu'un ; à peine arrivé à la maturité, il a déjà derrière lui une carrière des mieux remplies : rédacteur politique du *Pays* dès l'âge de 23 ans, décoré à

24 ans, député depuis 1871, s'étant battu avec Lullier en 1868, avec Flourens, avec Rochefort, avec Lissagaray, avec Ranc et avec Lockroy. Lorsqu'il descendra dans la tombe, il pourra dire : j'ai bien gagné le repos ! Je ne connais pas de vie plus accidentée, plus mouvementée que celle de Paul de Cassagnac, un bon et charmant garçon malgré ses défauts.

JULES FERRY

Sous l'Empire, ils étaient trois Jules fameux !

Trio redoutable et redouté du tyran ! Trio acclamé et chéri par la foule !

Premier Jules : Jules Favre, l'homme à la figure de satyre et à l'éloquence merveilleuse.

Deuxième Jules : Jules Suisse, qui n'a plus voulu être Suisse, et qui, non baptisé, s'est baptisé Simon... Simon au lieu de Suisse ! Qui me dira pourquoi???

Enfin Simon, puisque Simon il a voulu, était mielleux, pleurnichard, mais énergique parfois lorsqu'il fallait plaider la cause des libertés, et puis il écrivait des bons livres, comme l'*Ouvrière*, par exemple.

Troisième Jules : Jules Ferry, bon garçon, esprit brillant, qui, avec une verve endiablée, écrivit les *Comptes fantastiques du pacha Haussmann*.

Ce trio célèbre donnait à lui seul une rude besogne aux ministres à poigne de Napoléon III.

Sur lui, le parti libéral fondait de grandes espérances !...

Aujourd'hui, l'Empire n'est plus.

Aujourd'hui, la République est.

Qu'est devenu ce trio? qu'ont fait ces trois grands Jules?

La mort a repris Jules Favre; paix aux disparus.

Le Sénat a été le Père-Lachaise de Jules Simon. Il ne reste plus en lui l'ombre de l'ombre de l'ancien grand Jules; de ses cendres il est né une sorte de jésuite, aspirant à la mitre d'évêque, qui brûle tous les jours ce qu'il a adoré, adore ce que jadis il brûla.

Le jésuite juif soutenant les jésuites catholiques, c'est une variété curieuse de l'espèce.

Retiré dans son cimetière-sénat, son cerveau, un peu atrophié par le contact, fait-il un rêve abracadabrant, celui de devenir le pape des ultramontains ; et, pour arriver à ce résultat, il pleure, pleure, pleure toutes les fleurs de sa rhétorique sur le sort malheureux de ces pauvres ultramontains, si fort persécutés par ces chenapans de républicains.

Son rêve tardant à se réaliser, un tantinet superstitieux, il a essayé d'appeler la chance par le moyen indiqué par les vieilles portières superstitieuses... il a pris un bain... dans Zola.

Tout est mensonge dans ce triste monde, même les vieilles croyances ; malgré ce bain, il n'est encore que sénateur, pas l'ombre d'une mitre n'orne sa tête, et dans le cimetière des ex-grands hommes, dans ce refuge des vivants morts et des morts encore un brin vivants, il pleure, pleure et pleure. On dit qu'il s'apprête à pleurer un discours contre cet infâme divorce qui déplaît à Rome. *Requiescat in pace* sur cet ex-grand Jules.

Jules Ferry, seul de ce trio fameux, est encore debout aujourd'hui ; pour les deux autres, la République de leur rêve a marqué la fin de leur importance; elle a été l'écueil qui les a fait sombrer. Jules Ferry a su tourner l'écueil et naviguer en eaux sûres. La politique le tient et il tient la politique. Les lettres seules l'ont perdu et elles le regrettent, car l'auteur des *Comptes fantastiques d'Haussmann* avait une verve gauloise, railleuse et mordante, et ces trois qualités sont rares à rencontrer.

Je ne vous parlerai pas de la carrière politique de ce ministre de l'instruction publique, vous la connaissez tous aussi bien et même mieux que moi; je veux seulement vous faire part d'une particularité, qui me frappe chaque fois que j'aperçois le visage de ce dernier survivant du trio fameux.

Aristote, qui était loin d'être un sot, avait remarqué que la physionomie était comme un reflet du caractère de l'homme, une sorte d'image de son *moi* intellectuel, et il a créé l'art physiognomonique. Il nous est facile de nous convaincre, en bien examinant le physique des hommes que nous connaissons assez pour connaître leurs vertus et leurs passions, qu'Aristote a été dans le vrai. Un fin observateur peut lire, comme à livre ouvert, sur le visage d'un homme; par le masque, il peut connaître l'esprit.

Le méchant porte cette méchanceté gravée sur ses traits; elle brille dans son regard, qui en enfant terrible révèle les secrets les plus intimes.

L'avare *cligne des yeux*, comme pour économiser le plus possible de son regard; il pince les lèvres, histoire de pincer n'importe quoi; il habitue ses doigts à prendre la forme de la griffe, afin qu'ils soient moins prompts à donner, plus vifs à prendre; il sourit peu, ne voulant être prodigue en rien.

Les yeux du violent, même à l'état calme, conservent un je ne sais quoi de dur, d'égaré, la colère conduisant à la folie; ses traits ont quelque chose de tourmenté, les rides de son visage sont fortement accusées.

Le fat a un masque qui dit bien le sot contentement de soi-même.

Le pauvre d'esprit montre sa sottise dans tous les détails de sa face, et sa bouche est aussi bête que son regard.

Chez le courageux, tout révèle l'énergie, attitude, regard, forme du nez, rictus de la bouche.

L'idéaliste a dans les yeux un rayon du ciel.

Le matérialiste a des yeux ternes, qu'aucune clarté n'illumine ; on les croirait faits en bitume.

Le fourbe ne l'est point assez pour forcer son visage à dissimuler sa fourberie, que son regard fuyant le regard atteste.

L'homme très intelligent, le penseur profond, est entouré d'une sorte de clarté ; l'esprit a comme façonné la matière et s'échappe par les yeux, ces fenêtres de l'âme ; le nez est spirituel, la bouche est intelligente, la physionomie dit clairement la valeur de l'esprit dont elle est la photographie.

Eh bien ! la physionomie de Jules Ferry déroute toutes études faites d'après l'art physiognomonique. Chez lui, les formes même se contredisent : ainsi le front est large, vaste même, mais il est fuyant ; le nez, d'un dessin correct, n'a pas un atome de finesse : la bouche, aux lèvres fortes et tant soit peu sensuelles, manque de l'expression que sa forme demanderait; l'impression donnée par cette physionomie ne donne pas la moindre idée du caractère de Jules Ferry, qui est ambitieux, tenace, tandis qu'on lit sur son visage ce que les Provençaux traduisent par *lou leissa mi sta*, qui en français ne pourrait se traduire que par : *laissez-moi être*, ce qui ne rendrait nullement l'idée et le sens du *leissa mi sta*.

Est-ce l'esprit qui reçoit fatalement le physique qui lui convient, celui qu'il mérite? ou bien, est-ce l'esprit qui, par une succession d'efforts, arrive à se façonner un portrait physique, selon son image morale?

Je serais tentée de m'arrêter à cette seconde hypothèse; mais, s'il en est ainsi, Jules Ferry, trop occupé de ses ambitions politiques, a négligé de façonner son visage, si bien qu'il a aujourd'hui la physionomie d'une autre intelligence et l'intelligence d'une autre physionomie; et vraiment le portrait moral doit être plus sympathique que le portrait physique, qui est d'une fadeur excessive.

Pourquoi porte-t-il les favoris qui sont l'insigne de la domesticité? peut-être pour prouver qu'il est de la République le dévoué serviteur. Celle-ci doit lui savoir gré de ce sacrifice, car il doit lui en coûter quelque peu d'ajouter à son visage ces horribles côtelettes.

Relisez les *Comptes fantastiques d'Haussmann* et regardez Jules Ferry, et vous serez de mon avis, il n'a pas la figure de son esprit!

De ces contradictions, on pourrait arguer que la franchise chez lui n'est pas complète; mais tout étant contradictoire en son visage, j'aime mieux ne rien conclure.

VICTOR TISSOT

Comme homme, Victor Tissot est un sympathique; grand, la taille élégante, la figure intelligente, l'air doux et franc, il charme par l'absence de toute pose et par une grande simplicité; même au moment de l'immense succès du *Voyage au pays des milliards*, la tête ne lui a point tourné, il est resté un bon et charmant garçon, et de ceci, il faut lui savoir gré, car c'est rare.

Que nous en connaissons de ces poseurs insupportables, grisés par le succès! Nous en connaissons même, ayant la tête si peu forte qu'ils se grisent de leur absolue médiocrité.

Le réel talent est modeste, Victor Tissot en est une nouvelle preuve.

Mais en parlant de bienveillance et de douceur, je parle de l'homme privé, car l'écrivain manie avec une rare énergie le fouet de la satire; lorsqu'il fustige, son style devient âpre, mordant, et sa raillerie devient blessure pour ceux qui l'ont inspirée.

Dans le jeune et robuste talent de Tissot, il y a un peu du génie de Heine. Ces deux hommes, avec la même verve endiablée, ont raillé les buveurs de bière, les pédants et orgueilleux Prussiens. Comme l'a si bien dit H. Flamans, dans le *Pays des milliards,* on retrouve la verve, l'âpreté et l'amertume de l'auteur des *Reisebilder*.

Mais cette âpre satire, que Tissot possède à un haut degré, n'a point étouffé en lui la poésie : on trouve souvent dans ses ouvrages de fraîches idylles embaumées de l'odeur des foins coupés et des aromes enivrants de la flore des montagnes, et ce contraste leur donne un attrait de plus.

Tissot connaît admirablement l'Allemagne, il

y a passé plusieurs années, se mêlant au monde
des étudiants, à celui des journalistes et des
hommes de lettres, fréquentant parfois officiers
et soldats ; fin observateur, il a tout vu, il a
même sondé les consciences allemandes, et son
livre sera toujours le livre par excellence pour
bien connaître ce que vaut l'Allemagne, et ce
que sont en réalité les Allemands. C'est par le
Voyage au pays des milliards que Victor Tissot
s'est révélé, brusquement comme un grand
écrivain.

Il a écrit ensuite : *Voyage aux pays annexés,
Voyage au pays des Tzyganes, La Russie rouge,
Le monde de Vienne, La Russie et les Allemands,*
et tout dernièrement *La Russie et les Russes.*
Tous ces livres ont de la valeur, ils sont écrits
dans un style élégant, correct, remplis d'aperçus
nouveaux, de fines observations, mais aucun
n'atteint le haut degré d'intérêt et la verve
éblouissante de son *Pays des milliards.*

Débuter par un coup d'éclat est un bonheur
et un malheur : un bonheur en ce que l'auteur
est de suite classé parmi les écrivains de valeur,
et que du jour au lendemain son nom est connu

de tous ; un malheur, par la raison que le public, gâté par ce livre-éclair, s'attend toujours à une gradation dans son éblouissement, et parfois il éprouve une déception.

Savoir voyager est un don.

Beaucoup de personnes voyagent comme de simples colis; elles ne voient rien, ne comprennent rien, n'étudient rien, elles se contentent de franchir les distances à toute vapeur; elles boivent, mangent, dorment, parlent du boulevard des Italiens, de la petite Chose, de la grande Machin, de temps en temps elles jettent un coup d'œil sur les sites, poussent ces exclamations sacramentelles et bêtes : « C'est beau ! c'est splendide ! »

Elles parcourent les villes, les louent ou les critiquent; elles vivent avec des hommes nés sous d'autres latitudes, qu'elles jugent par voie de comparaison avec les Français, sans se rendre compte que chaque région a une civilisation propre ou *sui generis*.

Ces voyageurs-là ne sont que des voyageurs-colis ou des colis-voyageurs.

Pourtant, revenus en France, ils disent avec

un certain orgueil : « Je viens de visiter tel pays. »

Oui, savoir voyager est un don, et j'ajoute que peu de personnes le possèdent.

Pour comprendre le caractère, le genre de civilisation ou de barbarie des peuples de l'univers, il faut être fin observateur, avoir une certaine intuition des choses et des hommes, et enfin être un profond philosophe. Ceux qui possèdent ces qualités, rendent service en voyageant et en publiant leurs études sur les contrées qu'ils ont explorées.

Victor Tissot appartient à la catégorie des rares voyageurs ayant toutes les qualités requises pour être un curieux intelligent, il sait voir ce qu'on lui montre et deviner ce qu'on lui cache ; en le lisant, le lecteur fait un amusant et instructif voyage. Dans son livre *la Russie et les Russes*, il part de la Galicie autrichienne, ensuite il conte avec une verve qui ne faiblit jamais les péripéties de son voyage de Léopol à Brody, à Kiew, à Toula et à Moscou.

Il a tout vu, tout étudié, il parle du caractère des juifs, des mœurs des petits Russiens, de l'antagonisme du clergé blanc et du clergé noir. Sa description de Moscou est très exacte, elle est l'œuvre d'un coloriste brillant.

En Tissot, l'auteur et l'homme privé sont sympathiques.

CLOVIS HUGUES

D ANS notre belle Provence, l'air est transparent, il miroite devant les yeux ; le ciel est bleu, l'horizon est vermeil, des montagnes descend vers la plaine l'arome capiteux du thym, du romarin et de la lavande ; de chaque buisson, de chaque brin d'herbe, s'échappe une joyeuse chanson, la nature est dans une fête perpétuelle.

Comme l'a fait remarquer Buckle, les aspects de la nature influent sur le caractère de l'homme. Cette poésie riante de la nature a fait le Provençal bon, gai et poète. L'air sain et fortifiant fait les fils de la Provence des hommes robustes et actifs. La liste serait longue des Provençaux illustres !

Clovis Hugues, le député de Marseille, est né dans le département de Vaucluse ; il appartient à une très honorable famille, qui habite un petit village situé près de Cavaillon.

On peut dire que toute la chaude et ensoleillée Provence s'est incarnée en lui ; il a pris à sa patrie l'énergie vigoureuse, la vaillance indomptée et la suprême poésie. On dirait que les aromes capiteux de nos montagnes le grisent toujours, et que dans son cœur s'est fixé un des chauds rayons de notre soleil, car Parisiens, oyez ceci, votre soleil n'est qu'une vieille lune à côté du nôtre.

Clovis Hugues n'a pas encore trente ans, et déjà il s'est imposé comme homme politique, déjà il s'est affirmé comme grand poète.

En politique, il est trop poète et son cœur est trop bon ; il voudrait l'extinction du paupérisme à bref délai, voir souffrir lui donne une angoisse morale, et alors il s'emballe, il devient l'apôtre du socialisme, il fait un rêve grand, sublime, voir tout le monde heureux, ne plus voir des hommes souffrant la faim, des enfants mourant de misère, des mères ne pouvant donner du pain à leurs enfants; de sa voix vibrante et sonore, de son cœur d'or, il défend ceux qui souffrent, il flétrit, en termes que Juvénal lui eût enviés, ceux qui, selon lui, ne pensent pas assez aux malheureux. Dans ce moment-ci, avec sa jeunesse exubérante, son cœur ardent, son ivresse de belle poésie, Clovis Hugues n'est pas un homme politique parfait, selon le modèle convenu, il a pour cela trop de fougue et trop de cœur. Lorsque les années lui auront desséché un peu le cœur, que la froide raison lui aura prouvé que la perfection en politique surtout est lente à conquérir, il sera alors ce qu'on nomme un homme politique.

Pour moi, je le préfère tel qu'il est, car s'il se fait l'apôtre des questions sociales, c'est que sa nature généreuse aime à se préoccuper surtout de ceux qui souffrent, et s'il va trop loin, c'est son cœur et non l'ambition qui l'entraîne.

En poésie, Clovis Hugues est un poète lyrique de race, il a un souffle si puissant qu'on ne saurait le comparer qu'à celui qui anime Victor

Hugo, et tout comme le maître, il n'est pas simplement un admirable chanteur, il est encore un penseur.

Sa facilité rythmique est étonnante, sa facture est toujours musicale, il possède l'émotion à un haut degré, il a la chaleur et une grande richesse d'images ; dans ses *Soirs de bataille*, on rencontre à chaque page des vers qui sont des perles de la plus belle eau.

Son tempérament de poète est de la famille de celui de Victor Hugo : tour à tour sa muse lance des éclairs, ses mots aigus comme la pointe de l'acier s'enfoncent dans les chairs, ses vers cinglent comme des coups de sabre, sa muse a des rayons qui éblouissent comme un jour de soleil, elle sonne des fanfares guerrières, on entend le roulement sourd du tonnerre, sa plume devient un stylet, sa satire est âpre, mordante et implacable. Soudain il s'attendrit, et ses vers deviennent une musique d'une douceur infinie, tantôt la muse enflammait son esprit, à présent, elle laisse parler le cœur du poète, et alors il chante de l'enfant les grâces divines, de la femme la grâce enchanteresse, des fleurs la beauté parfaite, ce n'est plus le luth qui frémit, c'est l'âme même du poète qui vibre. Lisez ces vers adressés à Victor Hugo, dans lesquels il parle de ses bébés :

Depuis quatre ou cinq jours, Marianne est pâlotte ;
Mireille fait ses dents, pauvre petit bijou !
Et quand les bébés font leur première « quenotte »,
Toute mère pâlit, tout père est un peu fou.

Oh ! ces tyrans exquis, pas plus haut qu'une botte !
Ces maîtres dont le front nous arrive aux genoux !
S'ils gazouillent, on rit ; s'ils pleurent, on sanglotte,
Et bonsoir les beaux vers ! on reste dans son trou,

On se cache, on devient presque sauvage, et même
On a l'air d'oublier le doux maître qu'on aime.
Mais vous gardez au cœur l'ineffable souci
Des maux que l'on redoute et des biens qu'on espère ;
Car vous ne sortiez plus, n'est-ce pas, vieux grand-père,
Quand vos petits-enfants faisaient leurs dents aussi.

Ces vers disent bien ce qu'est Clovis Hugues comme père ; maintenant lisez les vers suivants qu'il adressait à celle qui est aujourd'hui sa femme, alors qu'elle n'était encore que sa fiancée. Ces vers font bien connaître Clovis

Hugues comme homme privé, ils sont un portrait très ressemblant de son *moi;* c'est la photographie de son esprit, de son cœur et de son caractère :

Quand vous aviez douze ans, Jeanne, j'en avais seize,
J'étais déjà de ceux à qui l'idéal pèse ;
 J'avais dans mon cœur, dans mon sang,
La vibration grave et sainte de la lyre ;
Et je venais m'asseoir chez vous, fier de vous lire
 Mes premiers vers d'adolescent.

Je portais mon orgueil comme on porte une gerbe
De beaux épis dorés; j'avais l'espoir superbe
 De gagner vite mes galons ;
Tout un avril d'amour me chantait dans la tête...
Vous, il vous étonnait, ce diable de poète
 Avec ses affreux cheveux longs !

Et vous me regardiez avec un bon sourire;
Et je me surprenais quelquefois à me dire :
 « Cette enfant au regard vainqueur
« Sera peut-être un jour à mon destin mêlée ! »
Souvenir parfumé ! vision étoilée !
 Vague pressentiment du cœur !

Votre frère était là, pauvre petit malade.
Les morts vont vite, hélas ! et la vieille ballade

Promet à l'homme peu d'instants,
Vous faisiez sous vos doigts, doux trompeurs des abeilles,
Fleurir dans le satin des corolles vermeilles
    Que l'enfant regardait longtemps.

Un jour, le vent d'exil souffla sur la famille :
Adieu le père ! adieu la blanche jeune fille !
    Adieu la mère au front si doux !
Jeanne, il vous en souvient : nous étions sous l'Empire,
Et, dans ces sombres temps, on aimait à proscrire
    Ceux qui s'indignaient comme nous !

L'exil donna la paix au démocrate austère,
Un asile à sa Jeanne, un petit coin de terre
    A son pauvre enfant délivré.
Moi, quand l'ennui creusait à mon front une ride,
J'allais pieusement, devant la maison vide,
    Répandre mon cœur éploré.

Jeanne, quand vous serez ma compagne sacrée,
Quand vous serez en plein dans mon destin entrée,
    Après nos deuils et nos revers,
Nous laisserons, ô mère aimante, sainte et forte,
Nos petits enfants aller ouvrir la porte
    A ceux qui récitent des vers.

Jeanne est devenue Mme Hugues ; c'est une femme belle, intelligente, dévouée épouse, mère d'une tendresse parfaite. Le vœu du poète est réalisé, il a des enfants, deux petites filles adorables, et celui qu'on nomme le fougueux député de Marseille est un excellent mari et le père le meilleur du monde.

S'il est révolutionnaire en politique, c'est par la simple raison qu'aimant aussi d'un ardent amour la famille humaine, il ne voudrait voir aucun de ses membres malheureux.

Ses *Soirs de bataille* ont obtenu un très grand succès; Victor Hugo, après les avoir lus, s'est écrié : « C'est *Soirs de victoire* que vous auriez dû intituler votre livre ! » En novembre, Clovis Hugues fera paraître ses vers politiques sous le titre de *Soirs de combat*. Ce volume fera contraste avec *Soirs de bataille*, car il est écrit avec le stylet de la satire, mais on verra que dans tous les genres, Clovis Hugues est un grand poète.

Il a un seul travers, ses longs cheveux; je sais bien qu'un autre poète a eu ce travers aussi, mais il n'en est pas moins déplaisant. Je disais un jour à Théophile Gautier : « Si vous saviez combien vous me feriez plaisir en coupant vos cheveux. »

Il bondit comme un lion insulté par la cravache : — C'est cela, dites-moi tout de suite : « Quel plaisir vous me feriez si... vous n'étiez pas vous ! »

Clovis Hugues me paraît tenir autant que Gautier à sa longue chevelure, et j'ai peu d'espoir qu'il me fasse le plaisir que m'a refusé Théophile. Je crois que même *Sa petite cousine* n'obtiendrait pas ce sacrifice de lui.

CARLA SERENA

Ceci paraîtra improbable à ceux qui ont lu mon livre *Guerre aux hommes*, et pourtant, c'est vrai, je commence à plaindre ces pauvres hommes !

Ils étaient *tout :* orateur, avocat, conférencier, voyageur célèbre, écrivain, journaliste, député, sénateur, académicien.

La Renommée aux cent bouches était exclusivement occupée à crier la gloire des hommes.

La postérité était leur privilège exclusif.

Ils accaparaient la gloire, ils s'en faisaient une auréole ; avec une âpre volupté, ils prenaient des bains de gloire.

La femme était la beauté; pour se venger de cette supériorité, les hommes avaient la célébrité.

Mais voilà que le XIXe siècle voit surgir des forces de la nature la vapeur et l'électricité qui transforment la face du monde, changeant en même temps que les moyens de locomotion les idées.

On dirait que cette électricité vertigineuse a donné le vertige à la femme et qu'elle a remué si bien son cerveau qu'elle s'est réveillée de son apathie antique. Et la voilà qui se lance à toute vapeur dans la science et dans le progrès.

Au XXe siècle, elle est bien dans le cas de progresser électriquement.

En Amérique, la femme est juré, avocat.

Dans toute l'Europe, elle est écrivain et journaliste.

En Roumanie, elle va devenir académicienne!

Oh! ces pauvres hommes! je vous jure que je les plains.

Se voir arracher par des mignonnes petites mains blanches quelques lambeaux de cette gloire qui était leur monopole exclusif, cela doit leur être très désagréable, et je comprends la mauvaise humeur de certains.

Ils auraient pu conserver l'espoir de garder pour eux seuls la gloire des grands voyages, celle de ces expéditions utiles et sientifiques qui honorent et rendent célèbres ceux qui les ont entreprises.

En ceci encore leur espérance a été déçue, la vapeur a transformé les femmes en hirondelles, elles ont des ailes, et elles s'envolent là où les hommes n'ont point osé aller.

Ce siècle compte des voyageuses célèbres : Mistress Trollope, Mme Bremer, la princesse Belgiojoso, la comtesse Dora d'Istria, Mlle Tinne, Mme Ida Pfeiffer et Mme Carla Serena.

Mme Carla Serena est née à Venise. Fort jeune, elle a épousé un Vénitien, M. Léon Serena, qui fut un ami de Manin, et qui combattit avec lui pour l'indépendance de sa patrie ; ces deux grands patriotes furent emprisonnés, puis exilés : Manin se fixa en France, M. Serena s'est établi en Angleterre où il occupe une grande situation commerciale. Mme Carla Serena a pris le caractère anglais.

Une grave maladie a fait d'elle une célèbre voyageuse. Ses médecins lui ayant ordonné de quitter pour un temps les brouillards malsains de la Tamise, elle alla en Russie et en Scandinavie.

Esprit observateur, douée d'une grande intelligence, ce qu'elle vit l'intéressa, elle prit des notes; à la curiosité irrésistible vint se joindre en son esprit les instincts du savant; la géographie, l'ethnographie et les études de mœurs chent, elle vit tout en esprit pratique.

De retour à Paris, elle transforma ses notes en volumes bourrés de détails curieux, d'aperçus nouveaux et de choses utiles et intéressantes.

Ce premier voyage a développé en Mme Carla Serena la passion des voyages, la passion de voir, d'étudier, de connaître, passion qui est indomptable, et qui vous tient bien lorsqu'elle vous tient. Je le sais par expérience, car, après avoir visité la moitié du globe, le désir de voir l'autre moitié trouble mes nuits et me donne une sorte de fièvre.

Mise en goût par ce premier grand voyage, Mme Carla Serena est repartie faire des excursions fantastiques, des voyages étonnants dans la Transylvanie, la Kalmoukie, les parages de la mer Caspienne, les régions jusqu'ici inexplorées du Caucase, la Perse et une partie de la Turquie.

Elle a montré une intrépidité étonnante et un courage surprenant. Elle a rapporté une caisse remplie de notes d'impressions de voyage. Le hasard a fait d'elle une voyageuse célèbre, le hasard a fait d'elle un écrivain.

Voulant faire bénéficier les autres de ses études, déjà elle a publié des récits fort intéressants dans le *Tour du monde*, elle a publié des livres fort curieux, entre autres : *Mon voyage de la Baltique à la mer Caspienne, Une Européenne en Perse.* Plusieurs volumes d'elle vont paraître prochainement.

Pour publier son volume sur le Caucase, Mme Serena avait besoin de vues photographiques de ces contrées, elle s'était adressée à des photographes de Tiflis; ceux-ci lui ayant écrit que les peuplades ayant été en guerre avec la Russie, ils ne pourraient sans danger aller faire ces photographies et qu'elle n'eût pas à compter sur eux, elle prit une leçon d'art photographique, acheta un instrument, et, en octobre 1881, elle est repartie pour le Caucase, et elle a bravé fatigues et dangers de toutes sortes. Mais elle a réussi à faire elle-même cent cinquante photographies, très artistiques et fort belles, de types, de monuments et de paysages qui nous étaient complètement inconnus.

Elles orneront ses livres sur ces régions. Quelques-unes figurent dans ce moment à l'exposition des arts décoratifs, au Palais de l'Industrie, dans un salon du premier, dans la section de photographies; elles sont placées dans un cadre persan en bois peint rouge brique et bleu.

Les souverains ont fait un accueil gracieux à Mme Carla Serena et lui ont donné des décorations. Le roi Humbert lui a offert une grande médaille d'or ayant d'un côté son image royale, et de l'autre ces mots écrits : « A Madame Carla Serena, pour ses belles études ethnographiques et ses explorations courageuses de la région du Caucase. » Victor Hugo, ce souverain du génie, lui a adressé la lettre suivante :

« Vos récits, madame, m'ont singulièrement intéressé. Parmi les voyageuses utiles et vail lantes de ce siècle, une voyageuse sera comptée ; ce sera vous. L'avenir vous rendra l'hommage que je vous rends aujourd'hui. »

La France, toujours aimable avec ceux ou celles qui ne sont pas Français, l'a nommée officier d'académie et membre de la Société de géographie.

Mme Carla Serena est une femme du monde, très simple, très aimable. Sa célébrité ne lui a pas monté à la tête. C'est un écrivain, non un bas-bleu.

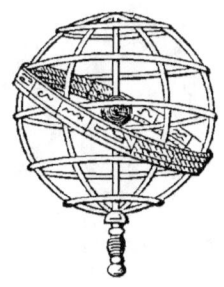

Mme EDMOND ADAM

Un mariage peu heureux a fait de Juliette Lambert un auteur de talent; un second mariage, heureux et riche celui-là, a fait de Mme Adam une sorte de Récamier, ayant un salon littéraire et politique. Belle, possédant une grande fortune, elle s'est vue subitement transformée en femme influente. En France, celui qui ne donne pas à dîner, qui ne donne pas de soirées, ne sera jamais un personnage influent et important.

On peut même insinuer que plusieurs de nos académiciens ont dû leur fauteuil à leur très excellent cuisinier.

Juliette Lambert avait autant d'esprit que Mme Adam, elle était plus belle et plus jeune encore. Mais on parlait bien moins de son esprit et de sa valeur littéraire. Des journalistes même la contestaient, et ces mêmes journalistes chantent aujourd'hui ses louanges. A-t-elle plus de talent à présent? Non, elle en avait déjà, mais elle est riche, elle donne à dîner, elle donne des soirées, et les républicains tout comme les monarchistes se courbent bien bas devant la puissance de l'argent.

L'or est un dieu qui ne sera jamais détrôné. C'est un tyran qui sera toujours adulé et jamais renversé.

En femme d'esprit qu'elle est, Mme Adam doit se dire comme moi, qu'il est singulier que l'argent ait encore plus de puissance que la beauté, l'intelligence et le talent.

Juliette Lambert est née en province; fille d'un médecin, elle épousa tout jeune un médecin; comme je l'ai dit, ce mariage ne fut pas heureux, l'époux ne réalisa pas l'idéal rêvé, une séparation donna à Juliette Lambert une demi-liberté, elle quitta la province et vint à Paris, où elle tarda pas à se faire un nom dans les lettres. Elle était belle, très intelligente et très active, elle se vit bientôt entourée de nombreux amis.

Elle possédait cet esprit si rare et qui est le meilleur de tous, celui d'être bonne, la bonté inspire la sympathie, on peut affirmer qu'elle a toujours eu beaucoup d'admirateurs et beaucoup d'amis, et ceci est la meilleure preuve de sa valeur.

On assure que devenue Mme Adam, elle est restée bonne et charmante pour ses anciens amis. Ce qui fait que la reine de la *Nouvelle Revue* n'a pas que des courtisans.

Mme Adam à un salon, nul ne l'ignore en Europe, et chacun sait qu'il a servi de type à M. Pailleron pour écrire le *Monde où l'on s'ennuie*. Mais pour conquérir la gloire de jouer en petit, dans notre petit monde, le rôle de la Tallien ou de madame de Staël, on peut bien s'ennuyer un brin !

Elle a fondé la *Nouvelle Revue*, qui vise quelque peu, les femmes ne doutent de rien, à détrôner la *Revue des Deux-Mondes* ; Mme Adam s'y réserve la correspondance étrangère. Elle adore la Grèce, elle a écrit un fort savant ouvrage sur les poètes grecs.

Voici la liste des principaux ouvrages de Mme Adam.

Laide, un fort curieux roman.

Mon village, un roman où se trouvent beaucoup de fines observations et une douce émotion.

Dans les Alpes, livre qui brille par la poésie descriptive.

Idées antiproudhonniennes. Satire et politique.

Récits du golfe Juan et *Voyage autour du grand pin.*

Littérateur, amie de la Grèce, femme politique, tels sont les traits distinctif de Mme Adam.

Sa beauté est faite surtout de charme ; c'est la beauté parisienne qui plaît par ce *je ne sais quoi,* d'une séduisance infinie ; le dessinateur rarement sait rendre ce genre de beauté ; c'est pourquoi le portrait placé en tête de cette silhouette ne donne qu'une idée bien incomplète du physique de cette très gracieuse dame.

JULES VERNE

Fi des inutiles !

Fi des gommeux !

Honnis soient ces écrivains accommodant l'éternel adultère à toutes sauces !

Fi de ces romanciers se creusant la cervelle pour former les voleurs et les assassins, en leur fournissant des idées neuves et ingénieuses pour nous découper en pièces ou nous dévaliser jusqu'au dernier centime, sans que la police puisse les pincer !

Cette littérature malsaine a fait son temps, elle est indigne d'un siècle éclairé.

Fi, aussi, des naturalistes; le beau doit être l'idéal d'un peuple instruit.

Les naturalistes et les pornographes, trouvant que couper la queue de son chien n'était plus suffisant pour attirer sur eux l'attention, se sont mis à remuer les cloaques moraux et les cloaques matériels; ils ont réussi à escompter, écus sonnants, les odeurs malsaines.

Mais le règne de ce *monde* comme il n'en faudrait pas sera éphémère.

Les mauvaises lectures sont un poison moral dont il faut se préserver avec soin.

Vous est-il arrivé parfois, en été, lorsque l'atmosphère est lourde, que les égouts vomissent des miasmes putrides, que la pluie tombe sans rafraîchir l'air, mais en formant une boue noire, puante, qui vous éclabousse de la tête aux pieds; vous est-il arrivé de ressentir une sorte d'écœurement sans nom? Tout vous paraît gris et sale autour de vous; il vous semble que votre corps lui-même est imprégné des odeurs du ruisseau; le présent vous paraît odieux, et l'avenir vous apparaît d'un noir d'encre de Chine. Vous rentrez chez vous, vous vous plongez dans un bain parfumé; soudain le soleil se montre, il transforme en perles les gouttes d'eau ; les fleurs se redressent, elles exhalent leurs plus doux parfums. Voilà que tout se transforme en votre esprit, vous vous sentez fort et sain moralement et physiquement, et vous vous écriez : La vie est belle, l'humanité est bonne !

Eh bien ! lisez *Pot-Bouille* par exemple, et analysez vos sensations, vous vous apercevrez qu'elles sont semblables à celles éprouvées avant le bain. Lisez un livre de Flammarion ou un livre de Jules Verne, et vous sentirez les mêmes douces impressions ressenties après le bain, alors que le soleil caresse la terre !

Il faut savoir être son propre docteur, et se dire que l'esprit, tout comme le corps, a besoin d'une saine nourriture.

Volontiers je placerais Jules Verne au nombre des bienfaiteurs de l'humanité, car il nous a instruits en nous faisant passer bien des heures agréables, et il a fortifié et assaini notre esprit.

Pour faire des nouvelles, des romans et des chroniques, il faut avoir de l'esprit, l'intelligence n'est point nécessaire.

L'esprit voit autour de lui, il observe les travers, les ridicules, les passions, il trouve l'image. l'expression heureuse; mais pour grand qu'il soit, il est petit et myope, il n'est qu'humain.

L'intelligence est, elle, une émanation même de la divinité; elle voit grand, elle embrasse l'universel, elle essaye de sonder les mystères de l'infini, les astres l'attirent, le centre de la terre éveille son instinct chercheur, elle étudie l'ensemble de la création, alors que l'esprit ne voit qu'autour de lui.

Il faut donc distinguer les hommes d'esprit des hommes intelligents.

Flammarion a cette intelligence à très forte dose, et elle s'en va arracher aux astres et aux planètes un peu du voile mystérieux qui les cache à nos yeux; sa vue est presque surhumaine, elle entrevoit l'infini.

Jules Verne est à la terre ce que Flammarion est au ciel. D'un coup d'œil de Titan, il embrasse notre boule ronde, il sonde les entrailles de la terre et les entrailles des océans, et il nous les montre telles qu'elles sont; puis, levant la tête, lui aussi contemple les astres, et il écrit

Autour de la lune, un livre bourré de science, et dont le style possède un tel charme qu'on le lit avec plaisir sans désemparer.

Il possède un peu de ce don qu'a Flammarion, à si forte dose, de mettre la science à la portée de tous et de la rendre attrayante. Il est charmeur et vulgarisateur !

Jules Verne est né à Nantes, en février 1828. Après avoir terminé ses études dans sa ville natale, il vint à Paris faire son droit. Mais le code aride, sec, déplaisant, ne saurait séduire une imagination vive; dès 1850, Jules Verne laissa le code pour cultiver la divine poésie, il écrivit un acte en vers, *les Pailles rompues*, qui eut un certain succès.

Peu de temps après, en collaboration avec Michel Carré, il fit trois livrets d'opéra-comique : la *Marjolaine*, *Collin-Maillard* et l'*Auberge des Ardennes*.

Il eut une pièce en trois actes et en prose jouée au Vaudeville en 1861; celle-ci eut peu de succès. Alors Jules Verne laissa le théâtre pour une scène plus vaste, celle de l'univers : il écrivit *Cinq semaines en ballon*, qui obtint un immense succès. On ne saurait trop louer cet écrivain d'avoir ainsi créé un genre nouveau, celui du roman scientifique. Parfois la bonne vieille Académie a des éclaircies de bon sens, elle couronna cet ouvrage, et l'habile et très intelligent éditeur Hetzel attacha, par un lien très doré, Jules Verne à sa maison.

Cet écrivain a publié successivement : *Voyage au centre de la terre*, *Désert de glace*, les *Anglais au pôle nord*, *Vingt mille lieues sous mer*, une *Ile mystérieuse*, une *Ville flottante*, le *Pays des fourrures*, les *Aventures de trois Russes et de trois Anglais*, le *Docteur Ox*.

Tous ces livres ont eu un égal succès. Sans défaillance aucune, Jules Verne a su, en style brillant, et d'une façon claire et jamais pédante, faire de la science tout en amusant.

Le théâtre est comme l'amour, on jure d'y renoncer, mais on y revient toujours. Jules Verne est revenu, lui aussi, au théâtre, et il a fort bien fait, car son *Tour du monde en 80 jours*, écrit en collaboration avec D'Ennery, a été un succès colossal, et *Michel Strogoff* a obtenu un de ces succès sans précédent au théâtre.

Faire défiler devant les yeux des spectateurs toutes les merveilles du monde réel, voilà une idée grande et digne d'un siècle allant électriquement dans la voie du progrès scientifique.

Les ouvrages de cet auteur sont de ceux qu'on peut relire avec intérêt.

Jules Verne a le large front du penseur; le pli entre les deux yeux annonce une volonté énergique; ses yeux ont un regard profond, de ces regards qui sondent au lieu d'effleurer. Mais sa bouche a quelque chose de dur et d'amer qui m'étonne, car tout lui a souri dans la vie : il est un des rares hommes de talent qui n'ont point eu des débuts difficiles; il devrait sourire à l'univers et aux humains.

CAMILLE DELAVILLE

Madame Camille Delaville est un argument vivant contre ce sot préjugé qui veut que la femme soit moins apte que l'homme à faire de la bonne littérature.

Certains hommes cherchent toujours à prouver l'infériorité dans tout ce qui sort d'un cerveau féminin, se basant sur cette opinion, basée sur rien, que le cerveau féminin est d'une essence inférieure au cerveau masculin.

Voyez combien peu on doit prendre au sérieux les critiques que font les hommes des œuvres féminines!

Camille est un nom hermaphrodite, il est féminin, il est masculin, il possède les deux sexes. Des hommes l'ont illustré, des femmes l'ont rendu célèbre.

Eh bien! l'écrivain que je silhouette aujourd'hui a signé Camille Delaville des articles de science, des critiques littéraires, des chroniques mondaines qui ont paru dans l'ancien *Grand Journal* de Villemessant, dans le *Gaulois*, dans l'*Événement* et dans la *Presse*. Le public a lu ces articles avec grand plaisir; il s'est dit : Ce monsieur Camille Delaville a beaucoup de talent.

Les journalistes, ne sachant pas que Camille Delaville était une femme, ont dit : « Notre confrère a beaucoup d'esprit. »

Mme Camille Delaville a publié dans la *Presse* des silhouettes d'officiers ministériels, qui ont eu un grand succès. Au palais, dans la presse et dans le public, on se disait : « Voilà un gaillard qui a une *bonne plume*, son style est clair, concis; il a le mot à l'emporte-pièce, et un esprit si souple qu'il aborde tous les sujets et les traite également bien. »

Nul n'a reconnu la femme dans ces articles.

Alors, dites-moi, je vous prie, ce que devient cette prétendue infériorité attribuée aux œuvres littéraires féminines?

Si Mme Delaville, au lieu de ce nom hermaphrodite de Camille, avait signé : Marie, Lucie ou Thérèse, le sexe n'aurait plus été un secret, et les journalistes auraient montré un beau dédain pour ces articles-là.

Convenez que ceci prouve bien le peu de valeur de ce grand préjugé contre les œuvres littéraires féminines!

Avouez aussi que j'avais raison de vous dire que Mme Camille Delaville est un argument vivant, excellent, en faveur de la thèse que je soutiens, qui est, que talent, esprit, bon sens et génie sont le privilège des deux sexes, et que c'est à tort que l'homme s'est figuré en avoir le monopole.

Sous le pseudonyme de Pierre de Chatillon, Mme Delaville a écrit plusieurs romans qui ont paru dans les grands journaux. Sa *Femme jaune*, publiée en feuilletons par le *Gaulois*, a obtenu un réel succès; le héros est un serpent boa, qui joue un rôle fantastique. Ce roman est très émouvant, fort mouvementé et bien charpenté; aucun lecteur n'a reconnu le faire féminin dans cette œuvre.

Elle a publié en librairie plusieurs romans : la *Loi qui tue*, la *Tombe qui parle*, les *Bottes du Vicaire*, les *Amours de Madame de Bois-Joly* et les *Trois criminels*. Comme on croyait que Pierre de Chatillon avait l'heur et bonheur d'appartenir au sexe laid, on a loué et admiré sans restriction ces romans. Celui la *Loi qui tue* a même été attribué à un de nos plus spirituels avocats.

Il est un tyran en France que les hommes n'auront jamais le bon esprit de renverser, c'est le tyran préjugé.

On a sapé les fondements de la Bastille, mais on ne parviendra pas à saper ceux du tyran préjugé, car ses bases reposent sur la bêtise humaine, faite d'un granit invulnérable.

M⁽ᵐᵉ⁾ Camille Delaville est la première femme vraiment journaliste, c'est-à-dire faisant chaque jour cent lignes sur l'événement du jour, qu'il soit tragique ou comique, sur le disparu célèbre, et sur la question du moment.

Dur labeur, qui demande une grande érudition, une grande souplesse d'intelligence et une verve intarissable.

Camille Delaville est poète, et ses poésies n'ont rien de fade et de précieux ; on y sent courir un souffle puissant, sa muse chante de préférence la passion sombre et ardente.

Comme femme, elle est grande, un peu forte, ses épaules et ses bras semblent taillés dans le marbre par un Phidias.

C'est une brune, au teint d'un blanc mat ; ses grands yeux noirs ont parfois un regard voilé, qui paraît regarder en dedans. On devine, en la voyant, qu'elle a souffert.

Le calme est sa vertu dominante.

Signe distinctif, elle adore les enfants et les bêtes.

Elle a deux filles dont l'une est belle, l'autre jolie, et elle a été pour elles la plus tendre et la plus prévoyante des mères.

Mme Camille Delaville est fille d'un agent de change. Elle fut mariée fort jeune à un tout jeune homme. Une de ces catastrophes si fréquentes, hélas! dans le grand monde parisien, a brisé sa vie, et des circonstances, ayant la sottise du code pour base, ont si bien changé sa situation, que, tout en ayant une grande fortune, des complications d'affaires l'ont privée d'en jouir, et elle a dû écrire, afin de pouvoir bien élever et bien doter ses filles.

L'affection passionnée qu'elle a pour ses enfants lui a donné l'énergie nécessaire à celui qui veut vivre de sa plume.

Sous les pseudonymes de Camille Delaville et de Pierre de Chatillon, elle a montré ce que peut une femme intelligente, instruite, lorsqu'elle ose vouloir.

Elle a prouvé que *talent*, quoique mis au masculin par les grammairiens, est l'apanage des deux sexes.

Pendant la fatale guerre de 1870, elle a fait vaillamment son devoir de citoyenne : elle avait transformé en ambulance une partie de l'hôtel qu'elle occupait alors, et elle allait, elle aussi, ramasser bravement les blessés sous le feu ennemi ; elle a même été blessée par une balle prussienne.

Depuis quelques mois, Mme Camille Delaville est rédacteur en chef du *Passant*, un journal fort bien fait, qui a trouvé bon accueil dans le public et dans la presse.

ADOLPHE BELOT

COMME romancier, Adolphe Belot tient la corde depuis quelques années ; son talent est très grand, très réel ; son imagination est vive et féconde, elle produit sans effort ; travailleur infatigable, son œuvre est déjà colossale ; comme il est jeune encore, il sera un jour avec Dumas père l'écrivain qui aura été le plus fécond de France.

Il doit avoir le travail facile, car son style, élégant, clair, agréable, ne se ressent pas de cette torture que s'imposent certains écrivains pour façonner la phrase ; il doit écrire comme il pense, seulement il pense en bon français et ses idées sont nettes et précises, il n'a qu'à les écrire comme elles se forment dans son cerveau.

Il est homme du monde, il va dans le monde; il a voyagé et il a connu la bonne société d'Europe et d'Amérique. Ceci donne à ses œuvres une saveur de bonne compagnie, et même ses œuvres un peu légères conservent le langage de l'homme du monde qui veut bien tout dire, mais le dire en homme bien élevé.

Zola est un pornographe; ce qui choque en lui, c'est moins l'idée que la forme; il aime le mot cru, le mot grossier, la vulgarité paraît avoir pour lui ce charme irrésistible qu'a le ruisseau boueux pour le canard.

Adolphe Belot me paraît être un sensuel, parfois ce sang créole qui coule dans ses veines surchauffe son cerveau; dans ces moments-là, il écrit des œuvres passionnelles, des œuvres à la cantharide, mais il les écrit en homme du monde écrivant pour des femmes du monde, qui veulent bien avoir les sens émoustillés, mais qui ne veulent pas avoir les yeux choqués par un mot obscène, cru et de mauvaise compagnie. Il possède, du reste, un art étonnant pour traiter des sujets scabreux sans devenir pornographe.

Certains auteurs se livrent à l'étude du cœur humain, Belot, par nature peut-être, est attiré par la passion ; il l'étudie, l'analyse et il la décrit dans ses violences, ses emportements, ses bizarreries et ses caprices parfois criminels.

Beaucoup de ceux qui ont lu *M*^{lle} *Giraud ma femme*, la *Femme de feu* et la *Femme de glace*, se figurent que l'auteur est un viveur effréné, vivant comme Alfred de Musset dans une continuelle fièvre d'amour, quelle erreur ! Adolphe Belot mène la vie familiale du bon bourgeois; il est bon mari, excellent père; il a d'adorables petites filles qui sont élevées près de lui et dont il surveille lui-même l'éducation.

L'hiver, il vit en famille dans un appartement élégant et coquet de la rue de Londres, ou bien il va en famille toujours faire un voyage en Italie, ou jouer au trente et quarante à Monaco. L'été, il va demander l'inspiration au grand parc de Maisons-Laffitte ; il y possède une jolie villa, avenue Benjamin-Constant. C'est un vertueux, car il voit souvent lever l'aurore; dès six

.heures du matin, il se promène dans les allées ombreuses, tout en marchant et tout en écoutant le gazouillement des oiseaux célébrant le retour de l'astre solaire, il fait ses romans, trouve les situations ; ce travail préparatoire fait, il va s'enfermer dans le cabinet de travail qu'il s'est fait construire dans un coin de son parc privé, et là, n'entendant d'autres bruits que le chant des oiseaux et le bruissement du vent agitant la cime des grands chênes, il écrit pendant quelques heures. Jamais il ne travaille le soir, ce qui prouve que l'inspiration vient à lui d'elle-même, puisqu'il n'a pas à la demander à la surexcitation de la lumière et de la nuitée.

L'inspiration du jour est, si je puis m'exprimer ainsi, une inspiration *sui generis;* celle de la nuit n'est qu'une inspiration factice produite par un surchauffement du cerveau.

Adolphe Belot est fils d'un avocat distingué ; il devait suivre la carrière de son père, il fit son droit, et un beau jour de juillet, par une chaleur sénégalienne, il devait débuter au palais, déployer toute son éloquence pour blanchir un jeune misérable. Revêtu de la fameuse robe et de la ridicule toque, il fit son entrée à la correctionnelle. Ouf! s'écria-t-il, on étouffe ici, et quelle odeur! Jamais je ne me résignerai au supplice de subir cette chaleur et ces miasmes impurs! et il quitta précipitamment la salle, enleva non moins précipitamment sa toque et sa robe et s'en fut respirer l'air plus pur du jardin du Luxembourg.

Le procès fut remis à huitaine et plaidé par un autre, Belot déclara net renoncer au barreau.

Tellement il craint la chaleur, que si l'enfer catholique n'était pas une chimère pour se sauver de ses fournaises éternelles, Belot serait capable de vivre en cénobite et de se donner chaque jour trente coup de discipline. Et pourtant il est né à la Pointe-à-Pître! Mais au fait, c'est peut-être à cause de cela! Son sang a de telles ardeurs qu'il ne peut supporter la chaleur de l'atmosphère; pour éviter qu'il arrive au bouillonnement, il cherche le climat tempéré et les atmosphères fraîches!

Après avoir ainsi jeté sa toque aux orties, Adolphe Belot s'en alla respirer dans les grandes forêts du Brésil; il passa tout un hiver à la Nouvelle-Orléans. En voyage, sa vocation de romancier se révéla à lui ; il revint à Paris, où il débuta dans la carrière littéraire par un drame en cinq actes : le *Secret de famille.* Son ennemie chaleur le poursuivait encore ; sa pièce fut jouée en août, à l'Ambigu, par une chaleur de 60 degrés dans la salle, ce qui l'empêcha de se voir jouer.

Si la chaleur est son ennemie, le succès semble le traiter en enfant gâté ; il est venu à lui dès sa seconde pièce, le *Testament de César Girodot*, qu'il écrivit en collaboration avec M. Edmond Villetard, et qui fut jouée à l'Odéon en 1859 ; notez la bizarrerie du hasard : on était en septembre, mois frais et souvent froid, et bien ! par exception, il y eut cette année trois semaines de chaleur tropicale pendant ce mois de septembre, si bien que nul n'osait aller s'enfermer dans une salle de spectacle, la pièce ne faisait pas recette ; le directeur allait l'enlever de l'affiche, lorsqu'un fort orage ayant rafraîchi l'air, le public se porta en masse à l'Odéon, et le *Testament de César Girodot* eut deux cent cinquante représentations.

Cette pièce mérite bien, du reste, ce grand succès, car elle est puissamment charpentée, on y sent un esprit profondément observateur, et enfin tous les personnages sont humains ; ce ne sont point ces marionnettes, ces êtres fantaisistes, fils du cerveau des auteurs, mais fils venus bien avant terme et n'étant que des êtres mort-nés. Ceci contribue au charme qu'on éprouve à lire les œuvres d'Adolphe Belot, ceci explique le succès qu'elles ont obtenu auprès du public ; succès sans précédent, car alors que les drames ou comédies qu'il a faits ont tenu l'affiche des centaines de jours, comme le *Drame de la rue de la Paix*, l'*Article 47*, la *Vénus de Gordes*, le *Parricide*, *Miss Multon*, *Fromont jeune et Rissler aîné*, il s'est vendu en librairie plus de quatre cent mille exemplaires de ses divers ouvrages. Des œuvres non vécues, et du domaine purement fictif, ne sauraient passionner ainsi la foule.

Belot, tout en laissant travailler sa riche imagination pour inventer des situations, ne crée pas ses personnages, il les prend bien vivants, bien nature, et il en fait les héros de ses drames ou de ses romans, qui tous sont vécus.

Avec un esprit curieux, perspicace et profond, il étudie la passion et ses effets, et il en fait l'anatomie avec une rare science. La nature restée son inspiration, il se contente de l'entourer d'un cadre luxueux original, mais toujours vrai.

Pour écrire la *Maison centrale des femmes*, il s'est résigné à aller vivre six mois à Clermont, si bien qu'à côté du roman émouvant et captivant, il donne une photographie exacte des lieux et une photographie non moins exacte de l'être moral chez les hommes et les femmes qu'il peint.

Il a une qualité encore qui me fait lire ses œuvres avec un grand charme, il sait présenter des personnages honnêtes, sympathiques et bien élevés, à côté des héros du crime ou du vice ; les premiers consolent des seconds.

Certains auteurs vous tiennent trois cent pages durant en compagnie d'êtres tels, qu'on sent cette sorte de malaise qu'on éprouve si par hasard on se trouve fourvoyé en vilaine société ; leurs livres, au lieu de faire passer quelques heures charmantes, vous causent une sorte d'empoisonnement de l'esprit fort douloureux.

Dans l'œuvre de Belot, comme romancier, il y a quatre catégories bien distinctes : l'une, que j'appellerai le roman utilitaire, comme l'*Article 47*, par exemple, qui a eu la conséquence excellente d'attirer l'attention des magistrats sur la cruauté barbare de cet article 47 de notre code pénal. La *Maison centrale des femmes* appartient encore à ce genre. Dans ces ouvrages-là, on sent que l'auteur est doublé d'un avocat éloquent et savant.

La seconde catégorie se compose des romans mondains, études émouvantes. bien travaillées, bien fouillées et toujours vraies. Les *Mystères mondains*, les *Baigneuses de Trouville*, la *Sultane parisienne*, la *Vénus noire*, le *Secret terrible*, *Hélène et Mathilde*, *Fleur de crime* appartiennent à cette catégorie. Ce dernier livre, *Fleur de crime*, me plaît tout particulièrement; il y a là des types si sympathiquement originaux et si vivants qu'on s'intéresse à eux comme à des amis, on ressent leurs douleurs et leurs angoisses, et l'on sent grandir dans son cœur la haine qui, à certains moments, les anime. M{}^{lle} *Méryem* est une des créations les plus réussies qu'ait faites Belot. Du reste, tous les personnages de ce roman sont créés de main de maître, et à mon avis, *Fleur de crime* est une des meilleures œuvres de cet auteur.

La troisième catégorie des œuvres d'Adolphe Belot se compose de celle où il prend à partie un vice ou une passion, la *Joueuse* est l'œuvre capitale de cette catégorie-là; fort joueur lui-même, il a étudié sur le vif cette passion fatale, son héroïne a vécu, le roman a été vécu, par lui aussi, ce qui augmente l'attrait.

La quatrième catégorie n'est plus l'œuvre de l'avocat, elle est l'œuvre du créole dont le sang chaud bouillonne parfois et monte à cinquante degrés, elle peut s'appeler la *passionnelle*. M{}^{lle} *Giraud ma femme*, 63e édition ! la *Femme de feu* et la *Femme de glace* appartiennent à cette catégorie-là.

Belot assure qu'il a écrit M{}^{lle} *Giraud* pour flétrir un vice horrible; moi, je veux bien le croire ; mais que dirait-il du professeur qui, sous prétexte de préserver ses filles de la passion, leur parlerait de tous les caprices et de toutes les ardeurs de cette folle passion?

Son livre n'a pas guéri du vice hideux les corrompues, et il a corrompu les ignorantes de ce vice, qui pouvaient être corrompues !

Parler de certains vices, c'est non pas les détruire, mais leur jeter en pâture les âmes faibles et impures qui ne demandent qu'à être plus impures encore.

La *Bouche de Mme X...*, qui vient de paraître chez Dentu, peut être classée dans cette quatrième catégorie. Je crois que ce livre arrivera bientôt non à sa 63° édition, mais à sa 100°; car il est encore plus... je ne trouve d'autre mot que celui de libidineux ou lascif que *Mlle Giraud ma femme*. Mais ici, comme toujours, tout est dit par sous-entendus, sans mot cru; c'est le livre écrit pour la grande dame, qui aime tout savoir sans subir une liberté de langage qui la heurte. Ce livre est écrit par Belot, le créole.

Mais le sujet du livre? me direz-vous.

La question m'embarrasse fort ; je n'ai ni le

talent de cet auteur, ni son grand art de dire les choses les plus scabreuses sans trop choquer, je perdrais pied. Je vous dirai donc simplement : la *Bouche de Mme X...* est l'anatomie de la passion physique ou des sens ; les maris anémiques vont maudir Belot et faire des efforts qui seront vains pour que leurs malheureuses femmes ne lisent pas ce livre.

Il contient une étude sur le baiser qui est d'un épicé à vous forcer à boire cinq verres d'eau pour essayer de calmer votre soif.

Lisez-le et vous en saurez plus long.

Bientôt nous applaudirons un grand drame de cet auteur heureux que le succès n'abandonne jamais.

TABLE DES MATIÈRES

Autobiographie   5
Victor Hugo   9
Littré 21
Camille Flammarion 31
Edison 39
Ferdinand de Lesseps 53
Alexandre Dumas fils 59
Barbey d'Aurevilly 69
Henri Brisson 79
Gambetta 89
Henri Rochefort 103
Auguste Vacquerie 111
Charles Monselet 125
Édouard Dentu 133

Henri Delaage	145
Daniel Dunglas Home	155
Charles Floquet	171
André Gill	181
Diogène Maillart	187
Edmond de Goncourt	201
Mme Gustave Haller (Fould)	211
Victorien Sardou	217
Arsène Houssaye	231
Paul de Cassagnac	245
Jules Ferry	255
Victor Tissot	263
Clovis Hugues	269
Mme Carla Serena	279
Mme Edmond Adam	287
Jules Verne	291
Mme Camille Delaville	299
Adolphe Belot	307

PARIS. — IMP. C. MARPON ET E. FLAMMARION, RUE RACINE, 26.

www.ingramcontent.com/pod-product-compliance
Lightning Source LLC
Chambersburg PA
CBHW052040230426
43671CB00011B/1729